빅데이터 시대의 기회와 위험

나남
nanam

나남신서 1878

빅데이터 시대의 기회와 위험

2016년 6월 30일 발행
2016년 6월 30일 1쇄

지은이 · 조현석 外
발행자 · 趙相浩
발행처 · (주) 나남
주소 · 10881 경기도 파주시
　　　회동길 193
전화 · (031) 955-4601(代)
FAX · (031) 955-4555
등록 · 제 1-71호(1979.5.12)
홈페이지 · http://www.nanam.net
전자우편 · post@nanam.net

ISBN 978-89-300-8878-7
ISBN 978-89-300-8001-9 (세트)
책값은 뒤표지에 있습니다.

이 책은 2014년 정부(교육부)의 재원으로 한국연구재단의 지원을 받아
수행된 연구임 (NRF-2014S1A3A2044645).

SSK 스마트사회연구단 총서 2

빅데이터 시대의 기회와 위험

조현석 쑀 지음

Opportunities and Risks in the Big Data Era

by
Hyun Suk, Cho
and Associates

nanam

연구의 필요성

우리는 빅데이터 시대에 살고 있다. 유무선 인터넷의 융합, 모바일 기기의 확산과 SNS 서비스의 확대, 사물인터넷(IoT)을 통해 상호 연결되는 기기들, 클라우드 서비스를 통한 정보의 공유는 과거와는 비교할 수 없는 광대한 데이터의 축적을 가능하게 하고 있다. 데이터가 끊임없이 생성되면서 그 규모와 증가속도는 상상을 초월하고 있다.

네트워킹을 통한 컴퓨팅 파워의 폭발적 증대로 인해 '인텔 인사이드'(Intel Inside)로 표현되던 중앙처리장치(CPU) 중추 시대를 넘어서게 되었다. 데이터가 중심이 되고, 데이터가 자산이 되는 시대가 된 것이다. 월마트의 실시간 재고관리와 아마존의 도서추천, 타겟(Target)의 맞춤형 광고, 볼보의 신차 결함분석 등 빅데이터는 기업 제품의 성능 개선과 마케팅의 핵심 자원이 되고 있다. 뿐만 아니라, 범죄 예측시스템, 최적의 교통시스템 설계 등 공공부문에서도 빅데이터는 지금까지는 상상할 수 없었던 혁신적 아이디어들을 실현하고 있다. 웹 2.0의 기본원칙으로 회자되는 '데이터 인사이드'(Data Inside)가 현실이 되고 있는 것이다.

빅데이터 시대에서 우리는 새로운 도전과 기대에 직면하게 된다. 방대한 규모의 다양한 자료를 종전과는 다른 방식으로 수집·분석하고, 인간 생활에 대한 새로운 접근을 할 수 있을 것이라는 기대가 확산되고 있다. 빅데이터의 관리·처리·분석을 위한 기술적·공학적 관심이 높아지고 있고, 축적된 빅데이터를 상업적으로 활용하거나 기업혁신의 계기로 삼고자 하는 경제적 관심도 커지고 있다. 기업은 물론이고 정부도 과거와는 비교할 수 없을 만큼 많은 양의 데이터를 다양한 용도와 목적으로 수집하여 관리해오고 있다. 정부와 공공기관 등이 수집하여 축적하고 있는 방대한 데이터들을 민간에게 개방하여 기업과 시민들이 자유롭게 활용할 수 있도록 함으로써 데이터 산업을 육성하고 다양한 부가가치 창출을 촉진하기도 한다.

그러나 빅데이터에 대한 관심과 기대는 개인정보 유출, 프라이버시 침해와 같은 사회적 관심을 증대시키기도 한다. 빅데이터 시대에 기회와 위험이 공존하게 되는 것이다. 빅데이터와 기술, 산업, 위험 간의 관계는 국내외적인 다양한 요인과 영향을 주고받으면서 그 양상이 더욱 복잡하게 나타난다.

이러한 상황에서 정책과 제도의 역할은 중요하다. 데이터의 진화가 가져오는 기회를 극대화하고 위험은 예방 및 교정할 수 있기 때문이다. 그러나 기술의 진화가 급격하고 빅데이터의 기회와 위험 간 관계의 복잡성으로 인해 정책과 제도적 대응이 적절하게 이루어지기는 쉽지 않다.

책 내용 소개

이 책은 스마트사회연구단의 공동연구 두 번째 산물이다. 스마트사회연구단의 연구진은 빅데이터 시대의 기회와 위험에 대한 연구를 진행하는 과정에서 다양한 연구 결과물을 발표하였고, 이러한 연구내용들 가운데 중요한 논문들 여섯 편을 묶어, 총서의 제 2권으로 출간하게 되었다. 이러한 여섯 편의 논문들 가운데 황주성 교수의 논문은 스마트사회연구단 소속은 아니지만 연구주제와 부합하여 함께 펴내게 되었다.

1부 빅데이터와 개인정보(*personal data*)에서는 빅데이터로 생성되는 개인정보에 관한 고민들을 다룬다.

1장에서는 우리나라 개인정보보호정책을 살펴본다. 고성능의 스마트기기로 생활하는 개인의 일상 속에서 거의 저절로 만들어지는 개인정보는 상업적·공공적 활용가치가 높은 반면, 유출의 위험과 취약성도 매우 높다. 정보사회의 지속가능성을 위해서는 개인정보보호가 무엇보다 중요하므로 어느 사회에서나 개인정보보호는 국가적 관심사로 인식되고 있다. 개인정보는 거의 모든 일상생활에 관련되어 있으므로 보호 노력에도 정부를 비롯한 다양한 정책참여자들이 관여한다. 개인을 비롯해 기업, 금융계, 산업계 조직, 병원, 각종 공공기관, 각종 정부조직 등 많은 기관과 조직들이 보호 노력에 참여하고 또한 다양한 전문가 단체나 소비자 단체 등도 참여한다. 그야말로 다층적 거버넌스를 바탕으로 개인정보보호를 위한 정책 수립과 관리가 이루어지고 있다. 이 중에서 정부의 역할이 가장 중요하다. 정부는 정책 비전의 제시, 거버넌스의 구축과 리더십의 제공, 재정적 투자, 전문인력 양성, 보안기술개발에서 주도적인 역할을 수행하기 때문이다.

그러나 개인정보 유출이 대규모화되고 빈발하는 것은 정부의 개인정보보호정책이 미흡함을 보여 준다. 2013년 국가정보원 등 여러 관련 정부기관들이 참여한 보고서는 대규모 개인정보 유출사태의 계속적인 반복에 관해 현 정보보안 대응체계가 상당히 부족하다고 분석하였다. 학계에서도 유사한 지적이 나오고 있다. 이러한 지적들은 우선 개인정보 유출사태에 대한 보다 효과적인 정책 수립의 필요성과 함께 기존의 개인정보보호정책에 관한 더욱 실증적인 분석이 크게 요구된다는 점을 시사한다. 따라서 우리나라 정보보호정책에 대한 분석을 통해서 국가적·정책적 대응이 왜 부족했는지를 1984년부터 2014년까지 30년간 개인정보 유출사고를 분석하여 시기별로 어떤 특성들을 보이는가를 설명한다. 또한 개인정보보호정책의 변화를 검토하기 위해 정보보호에 관

련된 법과 제도의 흐름을 살펴본다. 이러한 분석을 바탕으로 개인정보
보호정책의 시행을 정부 조직구조와 거버넌스, 인력 양성 등 각종 프로
그램의 시행, 연구개발예산을 포함한 정부의 재정투자로 나누어 분석
한다. 분석결과를 통해 우리나라 정보보호정책에 대한 문제제기와 정
책적 함의를 제시한다.

2장에서는 개인데이터 활용정책에 대해 살펴본다. 빅데이터 중에서
증가속도와 규모 면에서 가장 빠르고 큰 데이터가 개인데이터이다. 특
히, 개인데이터는 기존의 정형화된 개인속성 데이터뿐만 아니라 개인
이 다양한 스마트기기와 SNS를 통해 자발적으로 생산하는 소셜 데이
터, 개인의 활동이 CCTV나 센서 등에 포착되고 기록되는 관찰데이터
등으로 확대되면서 그 규모가 기하급수적으로 증가하고 있다. 그러나
개인데이터는 그 규모나 비중 그리고 내포하고 있는 잠재가치에 비해
활용이 상당히 제한되었다. 양보하기 어려운 절대 가치라는 개인의 '인
권'과 '사생활' 보호 등을 이유로 활용보다는 보호에 치중해 왔기 때문이
다. 그러나 정부나 기업에서 추진하고 있는 각종 정책이나 사업 그리고
업무처리에서 개인데이터를 활용하지 않고는 불가능하거나 어려운 경
우가 많다. 따라서 개인데이터의 보호와 활용 사이의 딜레마는 점점 더
첨예한 이슈가 되고 있는 상황이다.

그럼에도 불구하고 선진국에서는 개인데이터의 보호와 활용을 동시
에 추구하기 위한 정책을 시도하고 있는데, 영국에서의 대표적인 사례
가 마이데이터(Midata) 정책이다. 영국에서는 2011년부터 기업들이 보
유하고 있는 개인데이터를 해당 개인에게 적극적으로 제공하여 합리적
의사결정과 소비행태를 촉진함으로써 개인의 경쟁력은 물론 기업과 산
업, 나아가서는 국가의 경쟁력까지 제고하려 하고 있다. 반면, 우리나
라는 여전히 개인정보보호법과 개인정보영향평가제 등 강력한 법규들
을 통해 개인데이터의 활용보다는 보호에 중점을 두고 있으며, 이에 따
라 활용에 대해서는 소극적인 입장을 취하고 있다.

따라서 영국과 우리나라가 개인데이터 활용정책에서 어떠한 차이를 보이는가를 직접 비교한다. 구체적으로 양 국가의 개인데이터 활용정책의 추진배경, 목적, 방법 및 절차, 추진체계, 관련 법제도, 활용사례 등을 비교하고, 이를 바탕으로 우리나라에서 개인데이터 활용을 촉진하여 보호와 활용의 균형을 맞추기 위해 정부가 어떻게 노력할 수 있을지를 생각해 본다.

2부는 빅데이터와 정부신뢰 (*governmental trust*) 에 관한 논의이다.

3장에서는 한국사회에서 위험문제의 사회적 측면과 역동성을 파악할 수 있는 통로로 정부신뢰와 위험인식의 관계에 주목한다. 비단 위험 이슈에서뿐만 아니라 전반적으로 정부에 대한 시민들의 신뢰는 점점 낮아지고 있다. 이것은 압축성장과 그것에서 비롯되는 진통을 겪고 있는 우리나라에서 특유하게 나타나는 현상만은 아니다. 선진국과 개도국을 막론하고 세계적으로 나타나고 있는 현상이다. 문제는 재해, 노령화와 건강, 질병, 사회생활 전반, 경제생활 전반, 정치와 대외관계, 환경 분야 등 대부분의 사회 분야에서 위험사회의 면모가 점점 두드러지게 나타나고 있는 위험 이슈와 관련하여 정부신뢰의 수준이 상대적으로 더 낮다는 점이다.

이런 점에서 위험정책에서 정부신뢰의 중요성은 굳이 강조할 필요조차 없다. 또한 일반시민들은 전문가와는 다르게 위험을 인식한다는 사실이 밝혀지면서, 이론적 측면은 물론 정책적 측면에서도 위험인식의 중요성이 강조되고 있다. 이렇듯, 정부신뢰와 위험인식은 위험정책의 효과를 좌우할 수 있는 핵심적 요소라 할 수 있으며, 그 성격상 정부와 일반시민의 관계를 일정하게 대변한다고 볼 수 있다. 따라서 정부신뢰와 위험인식의 관계를 이해하는 것은 위험정책의 효과성과 정당성을 위해 매우 중요하다고 할 수 있다.

사실, 정부신뢰와 위험인식의 관계에 대한 연구 자체가 새로울 것은 없다. 다양한 연구가 이미 존재하기 때문이다. 그렇지만, 국내에서 이 관계에 대한 연구가 충분한지는 의문이다. 정부신뢰와 위험인식을 별도로 연구하거나, 위험인식에 대한 연구도 그 초점이 주로 위험수용의 정책적 측면에 주어진 까닭에 정부신뢰와 위험인식의 관계는 당연한 것으로 전제되거나 부차적인 것으로 다루는 경향이 크기 때문이다. 이 연구는 한국사회에서 정부신뢰와 위험인식의 관계에 초점을 맞추고, 그것을 실증적으로 분석하고 있다는 점에서 그 의미를 찾을 수 있을 것이다. 더욱이 이 연구는 기후변화, 전염병, 먹거리, 사생활 침해, 원자력발전사고, 그리고 방사능폐기물의 저장과 관리 등 한국사회에서 쟁점이 되고 있는 여섯 가지 기술위험 이슈들을 연구대상으로 삼아 기술위험을 둘러싼 정부신뢰와 위험인식의 관계라는 보다 구체적인 분석영역을 개척하고 있다. 또한 여섯 가지 기술위험 이슈들 사이에서 보이는 정부신뢰와 위험인식의 관계 변화를 포착함으로써 위험거버넌스와 관련하여 정책적 함의를 도출하고 있다.

4장에서는 빅데이터와 정부 의사결정에 관한 논의를 탐색한다.

방대한 규모의 다양한 자료를 종전과는 다른 방식으로 수집·분석하게 됨으로써 인간 생활에 대한 새로운 접근을 할 수 있을 것이라는 기대가 확산되고 있다. 빅데이터의 관리·처리·분석을 위한 기술적·공학적 관심이 높아지고 있고, 축적된 빅데이터를 상업적으로 활용하거나 기업혁신의 계기로 삼고자 하는 경제적 관심도 커지고 있다. 개인정보 유출, 프라이버시 침해와 같은 사회적 관심 역시 점차 높아지고 있다.

따라서 빅데이터를 사회과학 중에서 행정학·정책학 분야에 적용할 수 있는 방안을 모색하고자 한다. 특히 정책학의 주요 연구 분야인 정책의제 설정 또는 정부 의사결정에 빅데이터를 적용할 수 있는 방안을 탐색함으로써, 정책대응의 적시성(timing)을 높일 수 있는 방법을 찾고자 한다. 아울러 빅데이터가 의사결정의 기존 자료를 대체할 수 있는지 또는 빅데이터와 전통적 방식으로 수집되는 정보가 상호 보완적으로 사용될 수 있는지에 대해서도 논의한다. 이를 위해 2009년과 2010년에 전국적으로 발생하였던 신종플루 감염에 대한 정부의 재난위기단계 의사결정 사례를 분석하여 소개한다. 특히, 신종플루 발생과 지역확산 그리고 구글 독감 트렌드에 나타난 사회적 관심을 분석하여, 빅데이터와 사회과학의 공존가능성을 탐색한다.

3부는 빅데이터와 정책방안에 대해 이야기한다

5장은 논의의 출발을 공공데이터로부터 시작한다. 지금까지 전 세계적으로 정부의 주도하에 데이터를 개방하여 활용하고자 한 가장 실질적인 노력이기 때문이다. 공공데이터에 대한 이해를 높이기 위해 공공데이터의 모태가 되는 거번먼트 2.0에 대해 살펴본다. 또한 공공데이터 정책의 본질과 실상에 대해 더욱 세세히 살펴보고, 디지털 공공재의 개념을 '데이터'를 중심으로 재구성할 수 있는 세 가지 대안적 개념의 — 오픈데이터, 데이터 커먼즈, 데이터 인프라 — 가능성을 모색한다. 마지막으로 향후 정책적 노력과 연구가 필요한 어젠다를 제시해 보고자 한다.

6장은 공공부문 빅데이터 정책 활성화 방안에 관한 이야기다. 광범위한 데이터의 축척·분석기술은 우리에게 빅데이터 시대로 불리는 새로운 가능성을 열어주었지만, 그에 따른 부작용에 대한 그림자 또한 크게 드리우고 있다. 빅데이터 활용 과정에서 발생할 수 있는 민감한 개인정보의 남용에 대한 우려와 불법적인 사용으로 국가 감시의 가능성에 대해 불안한 시선을 거두지 않고 있는 것이다. 빅데이터 시대의 도래는 공공정책의 결정 과정과 그 내용에서 이전과는 다른 진화를 가져올 수 있을까? 왜 만능의 처방과 같은 빅데이터가 공공부문에 안정적으로 정착하지 못하는가? 공공부문에서 빅데이터 정책이 성공적으로 뿌리내리고 활성화되기 위해서 무엇부터 해야 할까?

사실 이러한 질문들은 제기하기는 쉽지만 대답을 내놓기는 매우 어려운 문제들이다. 이에 우리 연구진은 앞으로 이어지는 연구에서 우리 나라 공공부문에서 빅데이터 활용의 의미를 되새기고, 활성화를 위한 방안과 과제를 더욱 구체적으로 살펴보며, 실효성 높은 정책방안들을 제시하도록 노력할 것이다.

SSK 스마트지식사회연구단 집필진 일동

빅데이터 시대의 기회와 위험

차 례

2부 빅데이터와 정부신뢰

3부 빅데이터와 정책방안

1부

빅데이터와 개인정보

01
우리나라 개인정보보호정책 *

조현석**

1. 개인정보 유출과 사회문제

최근 개인정보 유출로 인한 피해가 사회문제화되고 있다. 대형마트에서 고객정보를 팔아 피소되거나,[1] 국내 카드회사에서 신용평가업체 직원에 의해 유출(〈매일경제〉, 2014. 1. 8)된 데에 이어, 시중은행, 보험사, 캐피탈사의 고객정보 유출사건이 빈번하게 발생하고 있다(〈국민일보〉, 2014. 4. 14). 이와 같은 대규모 개인정보 유출은 1990년대부터 계속된 각종 인터넷 대란과 해킹 사건, 그리고 다양한 유형의 개인정보 유출사건의 연장으로서 새삼스러운 일은 아니다. 정보사회에 내재된 위험이 일상화되고 대규모화되어 다양한 사회적 · 경제적 피해가 커지고 있다(조현석, 2013).

고성능의 스마트 장치로 생활하는 개인의 일상 속에서 거의 저절로

---

* 이 글은 〈한국정책과학학회보〉(2016년 제 20권 1호)에 실린 이은미 · 조현석 논문(개인정보보호정책의 경로의존성에 관한 탐색적 연구)에 바탕을 두고 있다.

** 조현석: 서울과학기술대학교 행정학과 교수

1 홈플러스 도성환 전(前) 사장은 2011년 8월부터 2014년 6월까지 수차례에 걸친 경품 사은 행사를 통해 수집한 고객의 개인정보 2,400만 건을 보험회사에 판매한 혐의(개인정보보호법 위반)로 기소돼 2016년 1월 8일 무죄를 선고받았다.

만들어지는 개인정보는 상업적·공공적 활용가치가 높은 반면 유출의 위험과 취약성도 매우 높다. 정보사회의 지속가능성을 위해서는 개인정보보호가 무엇보다 중요하므로 어느 사회에서나 개인정보보호는 국가적 관심사로 인식되고 있다. 개인정보는 거의 모든 일상생활에 관련되어 있으므로 보호 노력에 정부를 비롯한 다양한 정책참여자들이 관여한다. 개인을 비롯해 기업, 금융계, 산업계 조직, 병원, 각종 공공기관이나 정부조직 등 많은 기관과 조직들이 보호 노력에 참여하고 또한 다양한 전문가 단체나 소비자 단체 등도 참여한다. 그야말로 다층적 거버넌스를 바탕으로 개인정보보호를 위한 정책 수립과 관리가 이루어지고 있다. 이 중에서 정부의 역할이 가장 중요하다. 정부는 정책 비전의 제시, 거버넌스의 구축과 리더십의 제공, 재정적 투자, 전문인력 양성, 보안기술개발에서 주도적인 역할을 수행하기 때문이다.

그러나 개인정보 유출이 대규모화되고 빈발이 여전히 계속되는 것은 정부의 개인정보보호정책이 미흡함을 보여 준다. 국가정보원 등 여러 관련 정부기관들이 참여한 보고서(2013)는 대규모 개인정보 유출사태의 계속적인 반복에 관해 현 정보보안 대응체계가 상당히 부족하다고 분석하였다. 학계에서도 유사한 지적이 나오고 있다(김동욱·성욱준, 2012; 이한주, 2013). 이러한 지적들은 우선 개인정보 유출사태에 대한 보다 효과적인 정책 수립의 필요성과 함께 기존의 개인정보보호정책에 관한 보다 실증적인 분석이 크게 요구된다는 점을 시사한다. 따라서 우리나라 정보보호정책에 대한 분석을 통해 국가적·정책적 대응이 왜 부족했는지를 설명할 필요가 있다.

설명을 위한 기본적인 질문은 다음과 같다. "왜 우리나라의 개인정보보호정책이 정보사회의 환경변화에 효과적으로 대응하지 못하고 있는가? 사회환경과 정보환경의 변화에도 불구하고 왜 우리나라 개인정보보호정책은 매우 점증적이고 기존 정책에 경로의존적인 전개를 보였는가?"이다. 질문에 답하기 위해 행정학·정책학 이론적 배경으로 역사적 제도주의의 경로의존성의 개념을 활용한다.

이 장에서는 1984~2014년까지 30년간 개인정보 유출사고를 분석하여 시기별로 어떤 특성을 보이는지 설명한다. 또한 개인정보보호정책의 변화를 검토하기 위해 정보보호에 관련된 법과 제도의 흐름을 살펴본다. 이러한 분석을 바탕으로 개인정보보호정책의 시행을 정부 조직 구조와 거버넌스, 인력 양성 등 각종 프로그램의 시행, 연구개발예산을 포함한 정부의 재정투자로 나누어 분석한다. 분석결과를 통해 우리나라 정보보호정책에 대한 문제제기와 정책적 함의를 살펴보고자 한다.

2. 개인정보보호를 바라보는 분석틀

1) 이론적 논의: 역사적 제도주의와 경로의존성

(1) 역사적 제도주의

역사적 제도주의는 '제도의 형태와 모습'에 초점을 맞추어 사회현상을 설명하고, 제도를 역사적 산물로서 파악한다. 이는 맥락에 대한 적절한 이해 없이 '사회현상'이나 '정책'을 설명하기 어려우므로 맥락을 형성하는 역사를 강조한다. 따라서 특정 시점의 어떤 맥락을 이해하기 위해서는 그 맥락의 배경이 되는 역사적 과정에 주목해야 하며, '역사적' 제도주의라 부르는 이유도 여기에 있다(하연섭, 2011: 37).

역사적 제도주의는 역사 발전과 과정에 관심을 가지며 경로의존성을 중심으로 사회적 인과관계를 분석한다(Collier & Collier, 1991). 제도는 역사에 의해 형성되고, 역사 속의 다양한 요인에 의해 형성된 제도는 변화를 맞이하지만, 무엇보다 그 자체의 관성(*inertia*)과 견고함(*robustness*)을 지니고 있다. 따라서 제도는 역사적으로 변화해 온 궤적과 전환점을 구현하고 있다. 이와 같이 역사는 경로의존적이기 때문에 중요하다. 그 역사가 비록 어느 정도의 우연일지라도 먼저 일어난 일은 나중에 일어난 일을 조건 짓는다(Mahoney, 2000; Putnam, 1994). 따라서 제도 형성과 변화와 관련해 경로의존성에 관해 논의할 필요가 있다.

(2) 경로의존성과 제도 변화

경로의존성 분석은 '제도의 지속성'과 '경로의존성' 간의 인과관계를 설명하는 것으로, 제도적 제약요인을 중시하는 이론적 접근이다(염재호 외, 2004; 장지호, 2003; 정용덕, 1999; 하연섭, 2011; Inkenberry, 1988; Mahoney, 2000; 2001). Mohoney(2000)는 제도 분석에 있어 경로의존현상을 다음과 같이 설명한다. 첫째, 특히 초기의 제도 결정 과정에 존재하는 '잠김효과'(lock-in)를 중요하게 고려해야 한다. 즉, 재생산 과정에서 한 번 생긴 제도는 없어지는 일이 거의 없고, 제도의 양상은 쉽게 바뀌지 않는다는 것이다. 다시 말해, 우연한 사건(contingent events)이 촉발제로 작용해 재생산체제가 작동한다 하더라도 경로의존에 의해 자기강화(self-reinforcing) 단계를 밟게 되면 이러한 재생산 메커니즘은 초기 제도와 비슷한 형태로의 제도 변화를 낳게 된다는 것이다.

국가 수준의 많은 제도주의 연구가 이러한 방식으로 설명한 것에 대하여 "경로의존은 과거의 제도 유산이 제도를 혁신하는 데 있어서 현재의 가능성과 선택지 범위를 제한한다"고 설명하기도 한다(Nielson et al., 1995: 6; Thelen, 2004: 28). 따라서 경로의존성으로 인해 정부의 정책 및 제도는 초기의 정책 및 제도의 선택으로 관성화되어 지속된다(하연섭, 2011; Collier & Collier, 1991; Inkenberry, 1988; Krasner, 1984; Mahoney, 2000; Thelen, 1999).

경로의존성이 작동하는 과정에 관한 것이라면 경로의존의 요인에 관한 설명도 필요하다. 경로의존의 요인으로 거시적 측면에서 역사적 전통과 제도적 맥락이 중요하다고 볼 수 있다(Skocpol, 1979). 구체적으로 기성 권력구조, 지배적인 경제적 이익구조, 지배적 이데올로기 등을 들 수 있다. 이 장에서 주목하는 것은 중간 범위의 변수로서 정책이념의 영향이다. Berman(2001)은 정책이념이 정책의 지속성에 영향을 미친다고 지적하고, 정책이념은 행위자에게 장기적으로 공유할 수 있는 뚜렷한 준거틀이므로 규칙과 문화를 규정하는 중요한 아디이어인 경우에 지속적으로 유지된다고 본다(Berman, 2001). 즉, 정책행위자 간에 역사적으로 배태되어 온 정책이념은 제도의 지속을 유지함과 동시에 제도변화의 제약요인으로 작용한다는 것이다. 정책이념에 관한 기존 연구는 대부분 정책이념이 정책변화의 요인으로 작용한다는 점에 주목하였다(하연섭, 2006; 2011; Blyth, 1997; Cox, 2001; 1992; Hall, 1986). 그러나 이 장에서는 정책이념이 경로의존의 한 요인이 될 수 있음에 주목한다. 정책이념은 권력구조, 경제적 이익과 함께 특정 정책의 지속, 혹은 점진적 변화에 영향을 미치는 변수로 작용한다는 것이다. 정책이념이 특정 정책의 '고착'을 결정론적으로 규정한다고 보는 것은 무리이다(Blyth, 2002; Campbell, 1998; North, 1990; Streeck & Thelen, 2005; Thelen & Steinmo, 1992). 그렇지만 정책이념은 특정 정책의 틀을 지속적으로 유지하는 요인이 된다고 볼 수 있다.

2) 제도에 관한 담론

개인정보보호제도에 관한 담론은 크게 네 가지로 나누어 볼 수 있다. 첫째, 제도와 정책변화에 영향을 주는 정책이념의 중요성을 지적하는 연구가 있다(Hall, 1986; 1992). 하연섭(2006)은 우리나라 신자유주의 정책 논의에 적용하고 있으며, 독립변수로서 정책이념의 가능성을 이론적으로 탐색하고 있다(하연섭, 2011). 노무현 정부와 이명박 정부의 과학기술정책의 정책이념 차이가 다른 정책을 야기했음을 보여 주기도 한다(천세봉·하연섭, 2013). 김석우 외(2010)의 연구도 새로운 정책이념이 정책변동에 있어서 주요 요인이 될 수 있음을 보여 준다. 특정 정책이념이 정책결정에 참여하는 행위자들의 행위에 영향을 주고, 정책변화의 한 요인임을 주장하는 연구도 있다(고주현, 2013; 윤대엽, 2012; 조성은·김선혁, 2006).

둘째, 정보화 정책의 정책이념이 산업경쟁력 향상과 발전주의 패러다임에 의해 지배됐음을 지적하는 연구가 있다(황주성·김성우, 2003). 정보화 정책은 산업경쟁력과 행정효율화의 가치를 넘어 좀더 넓은 사회적 가치를 지향해야 한다고 강조한다. 김상배(2002)와 김평호(2006)는 우리 사회의 정보화 정책 노력이 근대화의 이념적 기초로 작용해 온 부국강병 사상을 토대로 산업경쟁력 향상의 목표를 지향해 왔으며 개발주의 패러다임에 의해 정보화 정책이 지배되어 왔다고 비판한다. 또한 조현석(2002)은 우리나라 과학기술정책의 이념이 산업경쟁력을 중심으로 형성되었음을 지적한다.

셋째, 경로의존성 개념에 관한 연구가 있다. 방민석·김정해(2003)는 우리나라 대기업 규제정책을 역사적으로 분석하면서 내용에서는 상당한 변화가 있었으나 정부개입 방식의 규제는 지속되었음을 경로의존성으로 설명하고 있다. 심원섭(2009)은 우리나라 관광 산업 정책이 한국의 발전주의 모델과 경제적 가치 중심으로 경로의존적으로 변화해 왔다고 분석한다. 유홍림·유은철(2011)은 국민체육진흥기금 융자사업이 시행된 이후 지속적으로 자기강화와 관성 기제들이 작용하여 정책이 종결되거나 변화되어야 하는 상황에서도 지속적으로 유지될 수 있었다고 주장한다. 진상현(2009)은 많은 국가가 원자력 정책의 변화를 모색하고 있지만 한국의 경우는 원자력 사업을 확대하는 경향을 경로의존성으로 분석하고 있다. 한세억(2002)은 우리나라 정보화 정책이 내적으로는 국가제도 중심으로, 외적으로는 동형화 방식으로 성찰적 과정 없이 경로의존적으로 발전했음을 밝히고 있다.

넷째, 개인정보보호정책에 관한 연구인데, 개인정보보호법과 개인정보보호정책을 연구대상으로 하고 있다. 우선 개인정보보호법에 관해서는 입법에 관한 공론이 시작된 2003년 이후 많은 연구가 나왔는데 법에 포함될 바람직한 내용이나 입법 체계에 관한 연구가 대부분을 차지하고 있다. 2011년, 법 제정 이후는 여러 가지 쟁점과 영역에서 법의 원활한 시행과 활성화를 위한 연구와 법적 개선사항에 관한 연구들이 많다.

권헌영 (2009) 은 노무현 정부에서 입법 과정이 대통령의 주요 관심사로서 초기에 강력하게 입법화가 추진되었음에도 법률을 관리할 소속 행정기관을 정하지 못해 제정에 실패했다고 분석한다. 개인정보보호법의 입법 과정을 분석하여 법 제정의 성공요인이 무엇인지를 제시하는 성욱준(2013) 의 연구는 이명박 정부에 와서 행정자치부가 '법률의 주인' (권헌영, 2009: 823) 을 차지함으로써 입법에 성공했다고 주장한다 (성욱준, 2013). 입법 과정에서 공공부문의 개인정보를 관할하던 행정자치부와 민간부문을 관할하던 정보통신부 간의 대립이 입법의 장애요인 중 하나였는데, 정보통신부의 해체를 포함한 이명박 정부의 정부조직 개편으로 인해 행정안전부가 주관부서로 정해져 법률 제정에 성공하게 되었다는 것이다. 그러나 행정안전부가 총괄부서가 되었다는 것은 또 다른 문제를 초래하는 요인이 되었다. 개인정보를 가장 많이 다루는 부서가 개인정보 감독부서가 되었기 때문이다. 이한주(2013) 는 개인정보보호위원회의 위상과 기능분석을 통해 이 위원회가 대통령 소속이지만, 심의의결 기능만 보유하고 법령과 정책을 수립하고 집행하는 기능은 없음을 지적한다. 현 제도에서는 개인정보보호위원회의 간사역할을 하는 안전행정부가 이러한 정책 수립 및 집행 기능을 수행하는 조직을 보유하도록 되어 있다. 애초 정부안은 위원회를 안전행정부의 소속으로 했다가 공청회 과정에서 야당과 시민단체의 반발로 대통령 소속으로 했고, 그에 따른 세부사항을 제대로 정리하지 않았다는 것이다. 또 개인정보분쟁조정위원회가 안전행정부 소속으로 되어 있어서 안전행정부와 위원회의 업무가 구분되지 않고 중복되어 있다. 위원회의 행정인력에 대한 인사권도 안전행정부 장관과 위원회의 상임위원이 보유하고 있어, 위원회 독립성의 약화요인으로 작용한다.

김동욱·성욱준(2012)은 전문가를 대상으로 AHP(Analytic Hierarchy Process) 설문분석을 토대로 우리나라 개인정보보호정책의 우선순위를 제시하고 있다. 특히 정보보호 추진체계에서 개인정보보호위원회가 관련된 국정원, 안전행정부,[2] 지식경제부, 방송통신위원회 등 여러 관련 부처 간 업무를 조정할 수 있는가 하는 점과 위원회의 간사역할을 맡은 행정안전부가 실질적인 총괄기능을 맡을 경우, 위원회의 독립성과 중립성이 훼손될 수 있다는 우려를 제기하고 있다. 윤상오(2009)는 전자의 정부 관점에서 개인정보보호정책의 필요성을 주장하고 있다. 신원부 외(2013)의 연구는 문헌분석에 의거해 개인정보보호정책의 현황과 문제점을 거버넌스, 재정투자, 인력 양성 등의 측면에서 서술적으로 소개하고 있다.

3) 개인정보보호정책과 제도주의 논의

제도논의에서 정책이념이 제도와 정책변화의 요인이자 정책과 제도의 지속요인이 될 수 있다는 점을 지적한다(김시윤, 1997; 한인희·고경민, 2002). 정책이념이 정책의 경로의존적 전개에 큰 영향을 준다는 것이다. 더 나아가 과학기술정책과 같이 기술적 불확실성이 높은 정책에서는 정책이념이 중요하다(이석민, 2010; Blyth, 2002).

이 장에서는 과학기술정책 중 급변하는 정보통신 분야의 정책에 초점을 맞추어 정책변화의 제약과 정책의 지속에 대하여 논의한다. 우리 사회의 정보화 정책은 경제·산업 목적을 중심으로 추진되었고(황주성

---

2 행정자치부는 2008년 2월 정부조직 개편에서 중앙인사위원회의 기능을 통합해 행정안전부로 개편되었다. 2014년 11월, 인사혁신처와 국민안전처를 분리하고 다시 행정자치부로 개편되었다. 본 연구에서는 연구시기가 1984~2014년까지 30년간으로 최근까지 사용한 안전행정부로 명칭하였다.

·김성우, 2003), 정보기술과 정보통신산업에서의 '개발주의' 패러다임과 맞물려 정보화 정책의 정책이념으로 작용했다(김평호, 2006; 한세억, 2002). 이러한 논의에 바탕을 두고 우리나라 정보통신정책은 진흥관점의 정책이념에 크게 영향을 받음으로써 개인정보보호정책이 경시를 받으며 주변으로 밀려나게 되었고, 그 결과 개인정보보호정책에도 경로의존성이 작용하여 정보사회 환경변화에 효과적으로 대응하지 못하게 되었다고 진단한다. 논의를 도식화하면 〈그림 1-1〉과 같다.

정책이념은 크게 두 가지로, 원칙으로서의 신념과 인과적 신념으로 구성되어 있다(Goldstein & Keohane, 1993). 원칙으로서의 신념은 비교적 일관성과 지속성을 유지하며 정책이나 인식을 정당화하는 기능을 수행한다. 반면 인과적 신념은 정책처방을 할 때, 정책목표와 정책수단 간의 인과적 관계를 뒷받침하는 요소이다(Goldstein & Keohane, 1993). 정책이념은 정책을 정당화하는 기능을 수행하며 효과적인 정책수단을 선택하고 동원하는 기준으로 활용된다. 정책이념 중 원칙으로서의 신념은 정책목표의 규정에 관여하며, 인과적 신념은 정책수단의 규정에

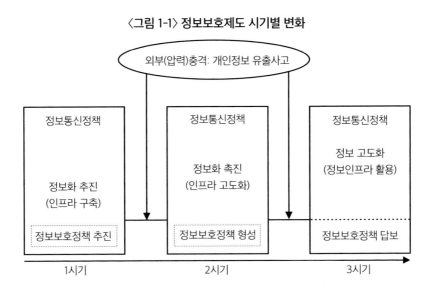

〈그림 1-1〉 정보보호제도 시기별 변화

관여한다. 중요한 것은 정책목표를 실현할 수 있는 인과적 관련성이 높은 정책수단을 이용할 수 있는가 하는 점이다. 정책목표에 대해 인과적 관련성이 높은 정책수단을 활용하면 그 정책은 상대적으로 실효성이 높아질 수 있다. 정책목표에 대해 인과적 관련성이 낮은 정책수단을 동원하면 그 정책의 실효성은 낮다고 평가할 수 있다. 전자를 실질적 정책수단이라고 한다면 후자는 형식적 정책수단이라고 할 수 있다(조현석, 1999).

정책이념은 신념과 지식의 복합체로서 정책엘리트에 의해 공유되고 더 나아가 사회적으로 수용되는데, 비교적 지속성을 가지고 유지되는 경향을 보인다. 정책이념은 정책결정자들의 주관적 신념에 불과한 것이 아니고 엘리트에 의해 공유됨으로써 간주관성을 가지게 된다. 지배적인 정책이념은 엘리트의 권력에 의해 뒷받침되며 정책참여자들의 행위와 선호에 영향을 미치는 제도에 배태된다고 볼 수 있다(천세봉·하연섭, 2012).

이러한 논의를 우리나라 정보화의 정책이념에 적용하면 원칙적 신념은 넓게는 부국강병 이념과 좁게는 산업경쟁력의 향상으로 형상화된다고 할 수 있다. "산업화에는 늦었지만 정보화에는 앞서가자"는 구호가 보여 주듯, 정보화 정책이 경제발전의 틀에서 발전되었다고 볼 수 있다. 산업기술과 산업경쟁력은 근대 국가의 필수적 토대의 하나이다. 이런 점에서 부국강병 사상이나 산업경쟁력 향상이 그 자체로 부정적인 것은 아니다. 문제는 사회적 환경이 변화하는데도 불구하고 경제적 사고가 정보화 정책을 지배하는 것이다. 그중 하나가 정보보호의 가치가 중시되고 있음에도 정보보호가 정보화 정책의 하위요소로서 계서적(階序的)으로 있다는 점이 문제다. 예를 들어, 개인정보보호법에 보면 목적을 "국민의 권리와 이익을 증진하고, 나아가 개인의 존엄과 가치를 구현하는 것"이라고 일반적으로 제시하고 있다. 그러나 2013년《국가정보보호백서》에서는 정보보호정책의 원칙적 신념에 해당한다고 볼 수 있는 정보보호의 비전을 구체적으로 찾기 어렵다. 다만 총론 부분에서 정보보호를 정보화의 역기능으로 보고 있을 뿐이다(한국인터넷진흥원, 2014: 1~63). 따라서 정보보호정책의 인과적 신념에 해당되는 정책수단의 여러 측면도 정보화 진흥정책에 밀려 적절한 거버넌스 구조가 정착되지 못하고 정보보호를 위한 재정적 투자, 기술개발, 전문인력 양성을 위한 정책의 우선순위가 높지 않다고 볼 수 있다(이한주, 2013). 특히 개인정보보호법이 2011년에 와서 제정된 점이 이를 분명하게 보여 준다.

두 종류의 자료를 분석하여 논의를 확장하고자 한다. 첫째, 1984년부터 최근까지 30년간 개인정보 유출사고 기사를 분석하는 것이다. 시기별로 어떤 특성을 보이는지를 검토하여 정보사회의 환경변화를 보여 줄 수 있기 때문이다. 정보통신정책의 기점이 1978년 수립된 행정전산화 기본계획이었던 점과 개인정보 유출에 관련된 기사가 1984년에 최초로 등장했다는 점을 토대로 1984년도부터 최근까지 약 30년 동안의 '개인정보 유출'에 관련된 기사를 수집하였다.[3] 둘째, 개인정보보호정책과 관련한 법과 제도의 흐름, 특히 정책이념의 지속성을 확인하기 위해 일차적 자료 및 관련 논문과 보고서 등을 이용한 문헌분석을 실시한다. 이를 통해 원칙으로서 신념을 나타내는 정책의 정당성, 정책목표의 규정, 정책기조 등을 관찰한다. 또한 정책도구로서 정책의 효과성, 정책수단의 규정, 프로그램 등을 조직 및 거버넌스와 인력 그리고 하위 프로그램을 중심으로 살펴봄으로써 인과적 신념을 관찰한다. 이러한 작업을 토대로 정책이념의 지속성에 의한 개인정보보호정책의 경로의존적인 변화를 증명한다.

---

3 검색 도구로는 한국언론진흥재단에서 제공하는 신문기사 데이터베이스 시스템인 KINDS (Korea Integrated News Database System)를 이용하였다. 단, 해당 시스템으로는 1990년대 이전의 키워드 검색이 불가능한 관계로 부득이하게 네이버 뉴스라이브러리를 사용하였다.

시대 구분과 관련해서 개인정보 유출사고의 시간적 변화와 우리나라 정보화 정책의 변화를 기준으로 하여 세 시기로 구분한다(Lee, 2012).[4] 첫 번째 시기는 1980년대 초반에서 1990년대 중반, 두 번째 시기는 1990년대 중반에서 2000년대 중반, 그리고 세 번째 시기는 2000년대 중반 이후부터 현재까지다. 정보화 정책의 변화 추세, 통신 및 인터넷 서비스 발달과 사용자의 정보환경변화, 개인정보 유출사고의 증대 추세를 반영하여 시대 구분을 한다.

3. 개인정보보호정책: '진흥' 안의 '보호'

1) 개인정보 유출의 변화

〈그림 1-2〉는 30년간 개인정보 유출 관련 기사 수의 증가 추이를 나타낸다. 1980년대 초반부터 서서히 증가하기 시작한 기사는 1990년대 중반(500건)부터 눈에 띄게 발생하기 시작하였다. 그 후 2000년대 중반을 지나면서 2008년(2,917건), 2011년(4,929건) 등 대형의 개인정보 유출사고가 발생하면서 그 수가 약 7배 이상으로 폭증하였다.

〈표 1-1〉은 시기별 개인정보 유출 특징이 상이하게 나타나고 있음을 보여 준다. 1990년대 중반까지는 안보와 산업 분야에서의 유출이 부각되었고, 개인정보 유출은 공공부문에서 빈번했다. 이는 당시 정부의 행정전산화 사업을 반영한 결과이다. '실명제'와 같은 대책이 나오기도 하였으나, 사회 전반적으로 컴퓨터 활용에 대한 기대가 높았기 때문에 보호의 필요성에 대한 공공의 정서는 낮은 수준이었다.

2000년대 중반까지 정부는 행정효율화를 위해 각종 정보화 정책을

---

4 개인정보보호정책 변화를 기준으로 할 수 있으나, 현재의 기준이 본 연구의 연구목적에 더 타당하다고 판단된다.

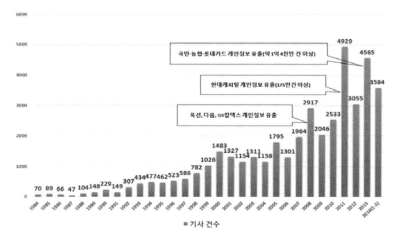

〈그림 1-2〉 30년간 개인정보 유출 관련 기사 수 증가 추이: 1984~2014년

〈표 1-1〉 30년간 개인정보 유출사고 흐름: 1984~2014년

1980년대 초반~ 1990년대 중반				1990년대 중반~ 2000년대 중반				2000년대 중반~ 2014년			
빈도	단어	빈도	단어	빈도	단어	빈도	단어	빈도	단어	빈도	단어
38	명단 유출	17	지존파	663	인터넷/ IT	63	휴대폰	2,341	카드사	285	SNS
35	군사 기밀	16	행정 전산화	224	사이버/ PC 통신	54	이메일	976	해킹	283	보안
34	보호법	12	북괴	194	전자 상거래	45	전자 주민 카드	658	인터넷	223	2차 피해
33	해커	10	보안	146	해킹	44	이동 통신사	485	주민 등록 번호	172	비밀 번호
32	보안사	7	전자 주민 카드	134	카드사	37	스팸 메일	424	스마트 폰	110	소송
26	컴퓨터	6	행정 전산 자료	108	NEIS	37	신용 카드	416	고객	102	포털
31	산업 스파이	5	신상 정보	69	바이 러스	28	전자 정부	406	전자 금융 사기	57	리니지

추진하였다. 인터넷의 발달로 전자상거래 등의 새로운 서비스가 활성화되었다. 초고속 통신망의 확대로 개인정보 유출 범위가 확대되었고, 스팸메일이나 문자 피해가 급증하였다. 이러한 분위기를 반영하여 보호에 대한 국민들의 관심이 부각되었다.

2000년대 중반부터 최근까지 개인정보 유출은 정보인프라가 유비쿼터스화됨에 따라 공공, 민간에 걸쳐 전 분야에서 전개되었다. 특히 대용량 정보의 수집과 활용이 민간부문으로 확대되면서 기업이나 포털에서의 개인정보가 대량으로 유출되었다. 이 시기 유출은 2차 피해로 두드러지게 나타난 것이 특징이다. 이로 인해 개인들은 정보 유출에 대해 더 크게 우려했고, 개인정보보호의 필요성에 대한 사회적인 관심이 증대했다.

2) 개인정보보호정책의 전개

(1) 정보화 진흥정책

개인정보 유출사건이 점차 빈발하고 대규모화된 것은 정보화 인프라의 확장 및 고도화, 사용자들이 일상생활에서 사용하는 기기와 플랫폼이 양적으로 다양해지고 질적으로 성능이 좋아졌기 때문이다. 산업 측면에서는 소셜 네트워크 서비스 등 새로운 통신 및 인터넷 서비스가 등장하였고, 온라인 사용자와 소비자 규모가 증가하였다. 정부의 정보화 정책은 이러한 변화를 이끌고 영향을 받으며 발전했다.

1시기(1980년대 초반~1990년대 중반)에는 우리나라 정보통신정책의 초석인 TDX(전전자교환기) 사업의 성공으로 전화 보급이 확대되고 저렴해졌다. 정부가 국가기간전산망사업을 1, 2차(1987~1991년, 1992~1996년) 간에 정보통신산업의 자유화로 경쟁체제를 도입함으로써 사용자들이 크게 증가하였다(Larson & Park, 2014).

2시기(1990년대 중반~2000년대 중반)는 전 세계적으로 인터넷이 상

<표 1-2> 정보화 진흥정책 변화

구분	시기	특징	추진 정책
1시기	1980년대 초반 ~1990년대 중반	정보화 추진 (인프라 구축)	국가기간전산망사업계획
2시기	1990년대 중반 ~2000년대 중반	정보화 촉진 (인프라 고도화)	초고속정보통신 기반 구축
			정보화촉진 기본계획
			Cyber Korea 21
			e-KOREA Vision 2006
			Broadband IT Korea Vision 2007
3시기	2000년대 중반 ~현재	정보 고도화 (정보인프라 활용)	U-KOREA 기본계획
			국가정보화 기본계획

용화되고 보급이 획기적으로 진전된 것이 특징이다. 정부는 초고속정보통신 기반 구축 계획(1995~2005년)을 수립하고 추진하였다. 산업계에서는 CDMA(코드분할 다중접속) 상용화에 성공하여 휴대폰 보급이 확대되었으며, 통신 및 인터넷 서비스 산업도 크게 발전하여 사용자의 규모가 크게 증가했다. 이러한 정보환경의 변화를 반영하여 개인정보 유출사고가 더욱 빈발하였을 뿐만 아니라 규모도 확대되었다.

3시기(2000년대 중반 이후)에는 광대역통신망 구축으로 U-KOREA 기본계획이 시행되었다. 이 계획은 언제 어디서나 정보통신망을 연결하여 일상생활을 영위할 수 있음을 의미한다. 이 시기에는 스마트 장치들이 등장하여 모바일 인터넷 환경이 본격적으로 시작되었고, 광대역통신망의 세계적 확대로 소셜 네트워크 서비스가 등장하여 정보환경이 거의 혁명적으로 변화하였다. 개인정보 유출사건이 대형화되고 위험이 일상화된 것도 이러한 정보환경을 반영한다. 이러한 현상은 정보화진흥과 함께 개인정보 유출 위험이 증가하였음을 보여 주는 것과 동시에, 정보화진흥 관점에서 보호 관점으로 논의가 전환되어야 할 시기임을 보여 준다.

(2) 개인정보보호정책

개인정보 유출이 심화되면서 정부는 이를 예방·관리할 목적으로 각
종 대책을 수립하였다. 〈표 1-3〉은 개인정보보호 관련 정책변화를 보
여 준다.

1시기에는 개인정보보호를 위한 별도의 정책 없이 3개의 관련 법률
이 제정되었으나, 신규 제정된 3개의 법률은 모두 국가기간전산망사업
의 효율적 운영, 공공업무의 수행, 신용정보업 육성 및 정보의 효율적
이용과 체계적 관리 등 사업 운영과 업무의 효율성이나 산업 육성 및 관
리의 효율화·체계화를 목적으로 하고 있었다.

〈표 1-3〉 개인정보보호정책 변화

시기	개인정보보호 관련 정책·법제도 변화
1시기: 정보화 추진 (인프라 구축)	〈전산망보급확장과 이용촉진에 관한 법률〉 제정 ('86)
	〈공공기관의 개인정보보호에 관한 법률〉 제정 ('94)
	〈신용정보의 이용 및 보호에 관한 법률〉 제정 ('95)
2시기: 정보화 촉진 (인프라 고도화)	'개인정보보호 중장기계획' 수립 ('97)
	〈공공기관의 개인정보보호에 관한 법률〉 개정, 〈전산망보급확장과 이용촉진에 관한 법률〉을 〈정보통신망 이용촉진 등에 관한 법률〉로 개편 ('99)
	〈개인정보보호지침〉 확정·공포 ('00)
	〈정보통신망 이용촉진 등에 관한 법률〉을 〈정보통신망 이용촉진 및 정보보호 등에 관한 법률〉로 개편 ('01)
3시기: 정보 고도화 (정보인프라 활용)	'정보보호 중장기 로드맵' 수립, NEIS 등 학생정보보호를 위한 관련 법률 개정안 통과 ('05)
	〈공공기관의 개인정보보호에 관한 법률〉 개정 ('07)
	'정보보호 중기계획' 수립, '공공기관 개인정보보호 및 인터넷 정보보호 종합대책' 발표 ('08)
	'국가 사이버위기 및 스팸방지 종합대책', '인터넷상 주민등록번호 대체수단(I-PIN) 이용활성화 기본계획' 발표 ('09)
	'스마트 모바일 시큐리티 종합대책' 발표, 〈공공기관의 개인정보보호에 관한 법률〉 개정 ('10)
	'국가 사이버안보 마스터플랜' 수립, 개인정보보호법 제정 ('11)
	개인정보보호법 1차 개정 ('13)
	개인정보보호법 2차 개정 ('14)

2시기에는 공공보유의 개인정보보호를 위한 대책이 등장하였으나 내용에는 별다른 변화가 없었다. 1시기에 제정된 법률 2개가 개정되면서 규제와 처벌이 강화되었으나 인프라 고도화의 결과로 오히려 정보를 빼내는 수법이 다양해졌다. 이를 원천 차단할 수 있는 방법이 없었기 때문에 개인정보 유출은 더욱 성행하였다. 특히 이 시기에 〈개인정보보호지침〉이 확정되었으나 '개인정보 유출 차단'보다는 '프라이버시 보호'에 중점을 두었고, 이 지침은 이용자와 소비자의 신뢰도를 높여 전자상거래 활성화를 도모하는 차원(정보통신정책연구원, 1999)이었다. 개인정보보호를 위한 지침이었으나 그 내용은 전자상거래 활성화, 즉 정보화 진흥을 추구하고 있음을 보여 준다.

3시기에는 개인정보 유출사고가 공공·민간 할 것 없이 번져 나감에 따라 개인정보보호 관련 정책들이 우후죽순으로 나왔다. 개인정보보호 관련 법률이 최초로 제정된 지 20년만인 2005년 정보보호를 위한 별도의 계획인 정보보호 중장기 로드맵이 수립되었으나 이는 U-KOREA 구현을 뒷받침하기 위한 것이었다. 뒤이어 각종 계획과 사업이 지속되었으나 모두 정보화 진흥정책 구현을 위한 목적이었다(정보통신부, 2005). 특히 2시기와 비교하여 2004~2011년까지 장기간 논의를 거쳐 개인정보보호법을 제정하는 등의 제도 정비가 활발했다. 그러나 주로 위반행위에 대한 벌금액을 상향 조정하거나 처벌 규정을 강화하는 등 이전과 비슷한 맥락으로 이루어지고 있음을 보여 준다. 개인정보 유출로 인한 손실이 상상을 초월할 수 있음에도 불구하고, 위반행위에 대한 형량이나 벌금은 개인정보의 중요성을 고려할 때 미약한 수준이었다(이선화·박기식, 1995).

4. 정보화와 정보보호정책의 전개

1) 정부조직과 거버넌스

(1) 정보화 및 정보보호 추진체계 변화

우리나라 정보화 정책의 추진체계는 중앙행정기관과 공공기관을 두고, 정부 주도의 민관 협력을 이루는 형태이다. 〈그림 1-3〉은 추진체계의 변화로 인한 조직도의 변화와 그 결과를 보여 준다.

정보화 정책을 구현하기 위한 정부조직의 구성을 살펴보면 미래창조과학부를 중심으로 정책을 입안·집행하고 한국정보화진흥원이 전문기관의 역할을 담당하며, 산하기관 및 센터가 구성되어 민간부문의 정보화의 역기능 관리를 담당하고 있다.

개인정보보호의 체계는 공공부문의 개인정보보호가 개인정보보호위원회를 두어 안전행정부가 지원부처로서 업무를 담당하며, 방송통신위원회가 민간부문의 개인정보보호를 담당하고 있다. 즉, 정보화진흥정책의 추진체계는 위에서부터 아래까지 일관된 체계를 두고 있는 반면, 개인정보보호정책의 추진체계는 중앙부처와 산하 공공기관 등에 분산되어 일관된 체계를 이루지 못하고 있다.

① 1시기(1980년대 초반~1990년대 중반): 정보화 추진과 정보보호정책 추진

정보화통신 인프라 구축에 힘썼던 1시기에는 정부에서도 정보화 촉진을 최우선으로 했다. 정보화추진위원회, 체신부(후에 정보통신부), 개인정보보호심의위원회가 주축이 되어 공공부문의 개인정보보호 거버넌스를 구성함으로써 정부 주도의 정보보호정책이 추진되었다. 〈표 1-4〉는 정보화 정책 초기 조직 구성의 특징을 보여 준다.

정보화 전담조직인 정보화추진위원회는 체신부와 함께 주로 정보화

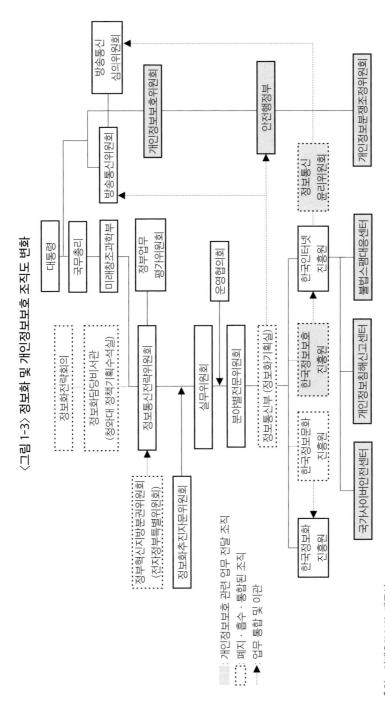

〈그림 1-3〉 정보화 및 개인정보보호 조직도 변화

범례
: 개인정보보호 관련 업무 전담 조직
: 폐지 · 흡수 · 통합된 조직
▲ 업무 통합 및 이관

출처 : 이재호(2012) 재구성

〈표 1-4〉 1시기 개인정보보호 거버넌스 특징

구분	정보화추진위원회	개인정보보호심의위원회
소속	국무총리	국무총리
위원장	국무총리	국무총리
지원부처	체신부	총무처
정책기조	정보화	정보화 지원
정책목표	정보화 사업의 범국가적 추진을 통해 정보화 추진의 일관성 및 효율성 확보	공공업무의 적정한 수행을 위한 공공기관 개인정보 처리의 보호
정책 정당성	국민생활의 질적 향상과 국민경제 발전	국민의 권리와 이익 보호
법적 근거	정보화촉진기본법	〈공공기관의 개인정보보호에 관한 법률〉
소속기구	한국전산원, 한국정보보호센터, 정보통신윤리위원회	없음

출처: 각 시기별 위원회의 구체적인 내용은 1996~2013년 정보화에 관한 연차보고서, 《개인정보보호백서》(2003), 《국가정보보호백서》(2007; 2010; 2013), 법제처 국가법령정보센터 참조 (이하 생략).

추진체계 마련과 규제 철폐를 중심으로 업무가 이루어졌다. 공공부문의 개인정보보호 전담조직으로는 국무총리 소속 '개인정보보호심의위원회'가 있었다. 이 위원회는 공공기관의 개인정보 취급 시 공공업무의 적정한 수행을 도모하기 위해 설립되었으며, '개인의 권리와 이익을 보호'하는 데에 정당성을 두었다. 주된 업무는 공공기관의 개인정보 활용 시 기관 간 의견을 조정하는 것으로 총무처가 업무를 지원하였다. 업무의 주된 내용은 정보화 정책 차원의 규제를 대폭 완화하거나 정보화 촉진을 저해하는 요소를 최소화하는 등의 정보화 촉진을 위한 것이었다. 정보화 정책 초기의 거버넌스는 정보화진흥에 중점을 두었고 개인정보보호에는 정책적 관심이 적었음을 알 수 있다. 정책은 추진되고 있으나 제도적으로는 정보화 정책과 분화되지 않은 형태를 띠었다고 평가된다. 결과적으로 개인정보보호정책은 정보화진흥을 위한 수단으로서의 의미가 강하다.

② 2시기(1990년대 중반~2000년대 중반):
정보화 촉진과 정보보호정책 형성

2시기에는 정보통신부가 인프라 구축을 바탕으로 초고속정보통신망 확대 등 인프라 고도화를 추진하면서 개인정보 유출과 같은 역기능 문제가 빈번히 발생하였다. 이후 2004년 개인정보보호법의 제정 노력이 시작되는 등 정보보호에 대한 관심이 나타나기 시작하였다. 하지만 〈표 1-5〉와 같이 정보화진흥은 정보화추진위원회를 중심으로 체계적으로 추진된 반면, 정보보호는 제대로 된 추진체계를 형성하지 못하고 있다.

정보화추진위원회를 중심으로 추진된 정보화는 2시기에 더욱 체계화되었다. 정부는 '정보화 촉진', '정보통신산업 기반 조성', '정보통신 기반 고도화 실현'을 정책목표로 설정하고, 이러한 목표 아래 민간부문의 정보보호 활동을 추진하였다(정보화촉진기본법 법률 제7814호). 정보화추진위원회와 정보통신부를 중심으로 소속기구가 늘어나면서 정보화 조직이 확대되었고, 이 조직에 개인정보 침해와 보호 관련 업무를

〈표 1-5〉 2시기 개인정보보호 거버넌스 특징

구분	정보화추진위원회	개인정보보호심의위원회
소속	국무총리	국무총리
위원장	국무총리	행정자치부 차관
지원부처	정보통신부	행정자치부
정책기조	정보화	정보화의 역기능 방지
정책목표	정보화 촉진, 정보통신산업 기반 조성, 정보통신 기반 고도화 실현	공공기관에 의해 처리되는 개인정보의 보호와 공공업무의 적정한 수행 도모
정책 정당성	국민생활의 질적 향상과 국민경제 발전에 이바지	국민의 권리와 이익 보호
법적 근거	정보화촉진기본법	〈공공기관의 개인정보보호에 관한 법률〉
소속기구	한국정보사회진흥원, 한국정보문화진흥원, 한국인터넷진흥원, 정보통신윤리위원회, 한국정보보호진흥원(개인정보침해신고센터, 개인정보분쟁조정위원회)	없음

담당하는 기구도 포함되어 있었다. 정보화에 관한 연차보고서(2000)에 따르면 이 시기에 정보화책임관(CIO)이 부처별로 지정되었고, 전자정부전문위원회가 등장하였다.

특히, 이때 정보통신부 내에 정보보호기획과, 정보이용보호과, 정보보호산업과가 설치되는 등 컨트롤타워를 중심으로 보호 관련 업무가 확장된 듯 보이나 이는 정보화 촉진의 일환이었다(정보통신부, 2001). 한국정보보호센터의 경우에 정보통신부 산하 임의기관에서 법정기관으로 바뀌고 훗날 '원'으로 승격되는 등 위치가 지속적으로 상승하였다. 하지만 이때의 주요 업무는 정보통신부 산하에서 전자정부 사업 내 전자서명 최상위 인증기관 역할을 하는 것이었다. 결국 정보화 촉진의 수단으로서 보호기능을 수행한 셈이다.

개인정보보호 조직체계는 1시기와 마찬가지로 거의 변화하지 않았고, 개인정보보호심의위원회의 역할 또한 개인정보 침해와 보호에 관한 사항을 심의하는 역할에 그치고 있었다. 개인정보보호심의위원회가 공공부문과 민간부문의 개인정보보호를 모두 담당하지 않았는데, 실제로 공공부문과 민간부문의 개인정보보호 전담기구는 분리하여 운영되어 일관된 체계를 확보하지 못하고 있었다.

이 시기 개인정보보호 업무는 행정자치부와 정보통신부가 각각 공공부문과 민간부문을 담당하는 형태였다. 〈표 1-6〉은 개인정보보호에서 정보통신부의 역할이 더욱 강화되었음을 보여 준다. 개인정보보호심

〈표 1-6〉 2시기 공공 · 민간부문 개인정보보호 전담기구

구분	공공부문	민간부문
위원회	개인정보보호심의위원회	정보화추진위원회
지원부처	행정자치부	정보통신부
소속기구	없음	한국정보보호진흥원(개인정보보호침해신고센터, 개인정보보호분쟁조정위원회)

출처: 한국정보보호진흥원(2003) 재구성.

의위원회를 지원하는 행정자치부는 공공기관의 개인정보관리에 대한 '감독'이나 '권고'활동을 담당했다. 정보통신부는 정보화전략위원회 업무를 지원하고 민간 분야의 개인정보보호정책을 추진하는 역할을 하는 동시에 시정 명령 및 과태료 부과와 같은 '처벌'을 내릴 수 있었다. 결과적으로 규제수단의 집행에 관한 사항을 규제 완화를 목적으로 하고 있는 정보화 전담부서인 정보통신부가 담당함으로써 정보보호정책이 실효성을 확보하지 못하였음을 알 수 있다.

③ 3시기(2000년대 중반~현재):
정보 고도화와 정보보호정책 답보

3시기에 들어와 정부가 고도화된 인프라를 적극 활용하면서 정보화 진흥이 더욱 활성화되었다. 이러한 맥락에서 3시기의 정보화 조직과 정보보호를 위한 전담조직의 변화가 있었다. 먼저, 정보화 조직에서는 정보화추진위원회가 대통령 직속의 '국가정보화전략위원회'에서 국무총리 직속의 '정보통신전략위원회'로 위상이 낮아졌다. 이를 정보화 진흥정책 추진이 약화된 것으로 볼 수 있으나, 실제로는 거대 부처화된 미래창조과학부 장관이 위원장을 담당함으로써 정보화 진흥정책은 더욱 적극적으로 추진되었다고 볼 수 있다. 또한 정보화 하부조직에서 정보화진흥원이 정보문화진흥원을 흡수하여 새롭게 출범하면서 정보화 진흥정책의 추진에 힘을 실었다.

개인정보보호정책 담당조직에도 변화가 있었는데, 민간부문의 개인정보보호를 전담하는 방송통신위원회가 대통령 직속으로 편성되었다. 한국정보보호진흥원, 한국인터넷진흥원, 정보통신국제협력진흥원은 흡수·통합되어 '한국인터넷진흥원'이 출범하였다. 특히 한국인터넷진흥원은 대규모 개인정보 유출에 대응하기 위한 목적을 띠었지만 실제적인 정보보호 활동은 주로 피해에 대한 신고 및 상담, 정보보호 관련 산업육성의 지원, 침해 및 피해 대응 등 소극적인 활동 위주로 이루어지고 있

<표 1-7> 3시기 개인정보보호 거버넌스 특징

구분	정보통신전략위원회	개인정보보호위원회
소속	대통령 → 국무총리	대통령
위원장	미래창조과학부 장관	행정안전부 차관 → 위원 중 공무원이 아닌 자
지원부처	미래창조과학부	안전행정부
정책기조	정보화	정보화 속 보호
정책목표	지식정보사회 실현	개인정보 수집/유출/오용/남용으로 부터 사생활의 비밀 등을 보호
정책 정당성	국민의 삶의 질 향상	국민의 권리와 이익 증진, 개인의 존엄과 가치 구현
법적 근거	정보화촉진기본법 → 국가정보화기본법 → 정보통신진흥 및 융합활성화에 관한 특별법	〈공공기관의 개인정보보호에 관한 법률〉 → 개인정보보호법
소속기구	한국정보화진흥원, 한국인터넷진흥원(국가사이버안전 센터, 개인정보침해신고센터)	개인정보분쟁조정위원회

었다. 개인정보분쟁조정위원회는 개인정보침해가 발생할 때 분쟁을 조정하는 역할을 담당했다.

3시기 후반인 2011년 9월 30일 공공부문과 민간부문을 모두 포괄하는 개인정보보호법이 시행되고 대통령 직속의 '개인정보보호위원회'가 새롭게 출범하였다. 그러나 〈정보통신망이용촉진 및 정보보호 등에 관한 법률〉에 민간부문의 개인정보보호가 별도로 규정되어 있어(방송통신위원회 외, 2012) 추진계의 일관성을 확보하지 못하였고, 개인정보보호를 위한 활동은 여전히 단순 전화신고 및 상담업무 방식으로 이루어지고 있었다.

(2) 정보보호정책 거버넌스의 특징

정보화 진흥정책은 국무총리 직속의 '정보통신전략위원회'를 두고 비교적 체계적으로 추진된 반면, 개인정보보호정책은 대통령 직속으로 개인정보보호위원회를 두었으나 행정안전부와의 역할분담이 불분명하여 제 역할을 담당하는 데 한계를 보였다. 개인정보보호위원회는 정책심의와 의결 기능만 보유하고 정책 입안과 집행은 개인정보보호위원회의 간사조직인 안전행정부가 담당하는 불안정한 구조를 보인다. 애초 정부안은 위원회를 안전행정부의 소속으로 했다가 공청회 과정에서 야당과 시민단체의 반발로 졸속히 대통령 소속으로 했고 그에 따른 세부사항이 제대로 정리되지 못한 결과이다. 또 개인정보분쟁조정위원회가 안전행정부 소속이어서 안전행정부와 위원회의 업무가 구분되지 않고 중복되어 있다. 위원회의 행정인력에 대한 인사권도 안전행정부 장관과 위원회의 상임위원이 보유하고 있어 위원회의 독립성 약화요인으로 작용한다.

보안기술에 대한 관심이 증가하면서 정부의 활동은 보안기술 연구에 대한 투자와 민간 기술전문가의 참여를 유도하는 것에 집중되었으나 연구개발 투자의 재정적 한계와 기술전문가 확보의 어려움으로 정부와 민간의 개인정보보호 거버넌스는 실효성이 부족했다. 또 개인정보 유출로 인한 위반행위자의 이득이 처벌로 인한 비용을 훨씬 넘어서고 있어 처벌이 강화되어도 정보보호는 어려워지고 있었다. 이는 개인정보보호 거버넌스가 전환기를 맞이하고 있음을 의미한다.

2) 정보보호정책수단

(1) 정보보호규제수단의 변화

① 1~2시기

1시기는 정보화 인프라 구축을 중심으로 조직 구성이 이루어졌기 때문에 정보보호를 위한 규제는 거의 없었다. 이 시기에 공공부문 전산망을 통한 개인정보 유출 등의 문제가 발생하면서 2시기부터 개인정보보

구분	제도 명칭	
제품인증	· 정보보호제품평가인증제도('98) · 인터넷모범상점인증제도('99) · 인터넷사이트안전마크제도('01) · 정보보호관리체계(ISMS)인증제도('01)	· 개인정보보호마크(ePrivacy) 제도('02) · 정보보호안전진단제도('04) · 암호검증제도('05)
본인인증	· 공인전자서명인증제도('99) · 공인인증서상호연동제도('99)	· 행정전자서명(GPKI)인증제도('00) · 인터넷안전결제(ISP)제도('03)

출처: 제도의 구체적 명칭과 시기는 1996~2013년 정보화에 관한 연차보고서, 《개인정보보호백서》
(2003), 《국가정보보호백서》(2007; 2010; 2013), 이창범·김로사(2002), 류석상 외
(2005) 참조(이하 생략).

호를 위한 제도가 등장하기 시작하였다. 정보화진흥 전담조직의 틀 내에서 개인정보보호정책의 추진이 이루어졌다. 〈표 1-8〉은 이 시기의 정보보호제도를 보여 준다.

개인정보보호를 위한 제도는 크게 제품인증제도와 서비스 제공을 위한 본인인증제도로 나뉜다. 제품인증제도는 공공기관이나 민간기업이 개발한 보안 및 보호기술에 대해 안전등급을 부여하기 위한 것이고, 본인인증제도는 정보통신 또는 인터넷망 사용자들의 안전한 행정 서비스 시스템 이용과 전자상거래 이용을 위해 본인인증을 의무적으로 거치게 하는 제도이다. 특히 개인정보보호마크제도는 민간부문에서 자율적으로 실시하는 임의보증제도이다.

개인정보보호를 위한 다양한 법과 제도들이 규정되었으나, 이들은 강제가 아닌 의무나 권고 형식 또는 자율규제 방식이었기에 규제에 대한 대상자들의 순응을 확보하는 데에는 어려움이 있었다. 또한 법으로 규정된 사항의 위반행위에 대해서는 5년 이하의 징역, 1천만 원 이하의 과태료, 5천만 원 이하의 벌금형 등 벌칙을 통해 소극적 규제로 이루어지고 있었다(한국정보보호진흥원, 2002).

<표 1-9> 3시기 개인정보보호제도 변화

구분	제도 명칭
제품인증	· 사전협의제도('08) · 개인정보영향평가제도(PIA, '11) · 정보시스템SW개발보안제도('12)
본인인증	· 제한적 본인확인제('06) · 정부지급개인식별번호(G-PIN, '08) · 인터넷상 주민등록번호 대체수단('08)
보안	· 주요 개인정보암호화제도('08)
신고 및 상담	· 정보보호 119 제도('08)

② 3시기

3시기에는 정보통신부가 폐지되고 개인정보보호법이 제정 (2011) 되는 등 큰 변화가 있었으나 고도로 발달된 해킹 기술과 함께 개인정보 유출도 대규모화됨에 따라 정보보호를 위한 활동은 개인정보 유출에 대응하는 차원보다 해킹을 막기 위한 기술적 측면에 집중하고 있었다. 〈표 1-9〉는 이러한 특징을 보여 준다.

3시기 개인정보보호제도에는 보안제도와 신고·상담제도가 추가되었다. '정보보호 119 제도'는 사이버테러 및 해킹 등 정보보호에 취약한 국민들과 민간기업을 지원하기 위한 신고·상담제도였으며, '주요 개인정보암호화제도'는 정보통신망 또는 인터넷망을 통해 제공되는 서비스의 안전한 이용을 위해 일부 중요한 개인정보에 암호를 거는 제도였다. 이와 같이 개인정보보호를 위한 제도는 여전히 위반행위의 금지를 강제하는 측면보다 인증과 보안 등 기술적 측면과 신고 및 상담 등 피해지원의 사후적 측면에 집중되어 있었다.

(2) 정부 재정투자

① 1시기: 행정전산망 투자를 통한 정보화 초기 기반 구축

정보화 예산의 편성은 각 시기 중점투자 방향에 따라 이루어졌는데

<표 1-10> 1시기 연도별 기간전산망 예산 및 인력

(단위: 억 원, 명)

구분	1992년	1993년	1994년	1995년	1996년*
예산	1,309,830	1,800,774	2,337,864	3,194,177	3,940,758
DB부문 투자	13,200	38,300	35,000	55,000	56,000
패킷망 투자	10,000	25,000	24,000	15,000	15,000
인력	21,491	18,251	20,229	21,691	21,257

* 1995년에 편성한 계획 예산과 인력임.
출처: 정홍식(1992), 한국전산원(1993~1995) 재구성.

<표 1-11> 1시기 정부 프로그램 편성 특징

구분	프로그램	특징
1992~1995년	· 대학(원) 중심 인력 양성 교육 · 초중고 학생 및 일반인 대상 컴퓨터 교육 · 공무원 대상 컴퓨터 활용 교육 · 하드웨어 및 소프트웨어 유지/보수 교육 · 정보산업 관련 학과 교육 과정 개편 · 기업 전산운영 전문인력 집중 육성 · 소프트웨어 개발인력 집중 육성	기초 인력의 양적 확충

출처: 1~3시기 정부 프로그램의 세부 내용은 《국가정보화백서》(2003), 《국가정보보호백서》(2007; 2010; 2013) 참조.

국가정보화, 정보통신산업 육성, 정보통신 기반 고도화가 주요 목적이었다. 특히 1시기 정부 재정투자는 〈표 1-10〉에서 보는 바와 같이 국가기간전산망과 정보통신산업 기반 구축을 중심으로 이루어졌다(한국전산원, 1996). 이는 정보화 기반이 거의 마련되어 있지 않았던 시기임을 반영한다.[5]

이 시기 전산인력의 대부분은 시스템 설치, 운영, 유지 및 보수에 필요한 인력으로 구성되어 있었는데, 고도의 기술개발 업무를 제외하고는 자체 인력을 활용하여 연구개발에 한계가 있었고, 기술개발에 대한

---

5 1990년대 정보화 분야의 재정투자는 기간전산망 구축을 중심으로 이루어졌기 때문에 개인정보보호 관련 예산을 파악하는 것이 어렵다.

투자는 용역기관 의뢰방식으로 이루어져 인건비가 큰 비중을 차지했다. 즉, 기술에 대한 직접 투자보다는 인건비 지원이 간접적으로 이루어졌다. 근본적으로는 정보화 정책 초기인 만큼 1990년대 중반까지는 정보화 추진을 위한 예산 확보에 주력했다(한국전산원, 1993). 따라서 개인정보보호를 위한 구체적인 정부 예산 투입은 찾아보기 어려웠다.

이 시기 전반적인 재정투자는 정보통신산업진흥을 위한 안정적 재원 확충과 투자에 무게를 두고 있었다(정홍식, 1992). 정부 재정투자 방향에 따라 1시기 정부 프로그램은 기간전산망 구축을 위한 전문인력 양성을 중심으로 편성되었다. 주로 대학 중심의 고급인력에 대한 지원이 이루어졌고, 해외 전문가 협조를 지원하기도 했다. 전 국민을 대상으로 컴퓨터 보급과 사용방법에 대한 교육이 실시되었고, 공공부문은 전문기술 습득 및 이용에 대한 교육을 실시하였다(정홍식, 1992). 그러나 당시 전문인력 양성에 대한 중앙부처 간 역할분담이나 협의가 적절히 이루어지지 않아 범정부 차원의 양성정책이 미흡하였고(한국전산원, 1994), 시설이나 교수 인력의 부족으로 핵심 고급인력 양성에 근본적인 한계가 있었다(한국전산원, 1995). 이는 정부 프로그램이 정보화 기초교육 중심의 편성을 벗어나지 못하고 있음을 보여 준다.

② 2시기: 생산성 향상을 위한 정부 지원

이 시기 정보화 역기능 문제가 크게 대두되어 해킹에 대응한 정보보호, 인터넷상 정보윤리 함양, 컴퓨터 보급 문제에 따른 정보격차 등을 중심으로 예산이 배분되었다. 그러나 예산 배분이 정보통신 기반 고도화라는 맥락에서 이루어졌고, 예산 편성에 있어서도 정보보호의 측면보다는 정보격차 문제와 정보윤리 함양에 집중하는 모습을 보였다(한국전산원, 2002).

2시기의 재정투자는 정보화 분야에서의 생산성 향상과 정보보호 분야에서의 초보적인 재원투입을 특징으로 한다. 1990년대 중반부터 경

<표 1-12> 정보화 및 정보보호 예산 흐름

(단위: 억 원, 명)

구분	1997년	1998년	1999년	2000년	2001년	2002년	2003년	2004년	2005년
정보화	12,818	14,664	16,623	19,208	31,162	27,949	27,793	28,445	29,052
정보보호	-	69	58	122	259	306	368	364	363
비율(%)	-	0.47	0.35	0.64	0.83	1.09	1.32	1.28	1.25
인력*	3,000	3,055	3,000	2,633	5,613	-	-	-	-

* 인력은 중앙부처의 정보화 인력만을 나타내며, 2002~2005년 인력은 파악이 어려움.
출처: 한국전산원(1998~2002), 국가정보원(2003) 재구성.

<표 1-13> 2시기 정부 프로그램 편성 특징

구분	프로그램	특징
1996~2005년	· 첨단기술 연구 인력 양성 · 산업계 수요 중심 현장실습교육 소프트웨어, 멀티미디어콘텐츠 전문교육 · 민간기업 사내교육 지원 · 한국정보통신대학원 개교 · 실업자 및 재직자 직업훈련 강화 · 정보통신 분야 표준교과 과정 제시 · 소외계층 대상 컴퓨터/인터넷 활용 교육	정보보호산업 인력 확충

출처: 1~3시기 정부 프로그램의 구체적인 내용은 《국가정보화백서》(2003), 《국가정보보호백서》
(2007; 2010; 2013) 참조(이하 생략).

제발전의 원동력을 확보하기 위해 기존에 구축된 인프라를 활용하도록
인터넷 산업의 육성을 지원하였다(한국전산원, 1999). 정보보호를 위
한 재정투자는 주로 정보보호기술개발 및 산업 육성, 암호이용활성화,
전자서명인증제도 정착, 정보통신 윤리 교육, 개인정보보호제도 확립
을 중심으로 이루어졌다(정보통신부, 1999~2004). 하지만 정보보호를
위한 실제 재정투입 비율을 보면, 정보화 예산 대비 2%에도 못 미쳐 장
기적인 프로그램의 안정적 운영을 뒷받침하기에는 역부족이었다.

이 시기 정부 프로그램은 특히 보안기술개발과 기술 관련 고급인력
양성을 통해 정보보호산업 육성에 활용하는 것이 특징이었다(김영식,
1998). 정보보호를 위한 재원투입이 시작되면서 정보화 교육의 지속과

함께 정보보호 인력 양성을 위한 프로그램이 이루어졌으나 전체 정보보호 인력에서 고급 기술을 다룰 수 있는 전문가는 비중이 크지 않았다(미래창조과학부, 2013a). 즉, 1시기와 마찬가지로 인력의 양적 육성에 치중한 나머지 이를 뒷받침할 제도적 기반을 마련하지 못했다.

③ 3시기: 적극적인 정보화 진흥정책과 반응적 정보보호정책

정보보호에 관한 대응이 이전보다 많아지면서 정부는 정보보호 인프라 구축, 정보보호 신뢰기반 확보 등의 대책을 내놓기 시작했다. 특히 2008년 정보 유출사고가 대규모화되면서 '2008년 정보보호 중기 종합계획'이 등장하였고, 2010년까지 정보보호 사회안전망을 구축하겠다는 의지를 보였다(행정안전부, 2008).

3시기 재정투자는 1, 2시기에 조성된 정보화 환경을 바탕으로 공공부문과 민간부문 모두에서 초고속 통신망의 활용과 모바일 네트워크 구축에 투입되었다. 정보보호에 대한 지원은 이러한 배경으로 발생하는 역기능을 관리하는 차원에서 이루어졌다. 〈표 1-14〉는 이 시기의 정보화 예산 대비 정보보호 예산의 비중을 보여 준다.

〈표 1-14〉에서 정보보호 예산은 지속적으로 증가했으나 전체 정보화 예산에서는 여전히 매우 낮은 비중을 차지했다. 2007년까지 정보보호 예산 비중은 3%를 넘지 못하였고, 2008년 정보 유출사고가 대규모화되는 시기에 소폭 증가하는 수준에 그쳤다. 2009, 2011년에 발생한 DDoS 해킹 공격에 의해 이듬해 예산 비중이 8% 정도로 증가하였으나 이후 다시 감소하는 추세였다. 이렇듯 정보보호 예산은 사이버 범죄 등 특정 사건에 일시적으로 반응하는 모습을 보이고 있다.

2시기에 이어 3시기 프로그램에서는 큰 변화가 없었다. 각 부문 간 인력 수급의 불일치를 해소하기 위해 전공교육의 품질을 개선하고 융합기술 등 신수요 분야의 집중 투자를 추진하는 등 질적 고도화를 위해 노력한다고 하였으나(한국정보화진흥원, 2013), 프로그램의 명칭이 바

<표 1-14> 정보화 및 정보보호 예산 흐름

(단위: 억 원)

구분	2006년	2007년	2008년	2009년	2010년	2011년	2012년	2013년
정보화	34,343	34,104	34,048	31,378	32,869	32,897	33,053	32,967
정보보호	450	1,018	1,608	1,742	2,702	2,034	2,633	2,402
비율(%)	1.31	2.98	4.72	5.55	8.22	6.18	7.97	7.29

출처: 이영선(2013) 재구성.

<표 1-15> 3시기 정부 프로그램의 내용

구분	프로그램	내용	특징
2006~ 2014년	· 고급융합인력 양성 · 소프트웨어 창의연구 과정 신설 · 취업 연계 프로그램 · 전문인재 간 국제협력	· 대학 ICT 연구센터 지원 · ICT 융합 고급인력 과정 개설 · 해외 ICT 전문인력 유치	신수요 분야 인력 충원

꿰었을 뿐 내용에서의 큰 변화는 찾아볼 수 없었다.

④ 재정투자의 특징

정보화 예산과 정보보호 예산 투자의 특징은 정부 예산에서 정보화 정책에 관련된 예산 편성체계가 정보보호정책의 부수적인 항목으로 다루어지고 있다는 것이다. 첫째, 정보화에 대한 정부의 재정투자는 국정과제와 정책을 중심으로 체계적으로 이루어졌음을 알 수 있다. 이에 비해 정보보호과제가 포함된 정보화 역기능 방지는 정보화 분야 투자의 부수적인 부분으로, 투자 방향 또한 외부영향에 의해 변동이 일어나는 것을 알 수 있다. 이는 정보보호를 위한 법제도가 주도적인 역할을 하지 못하고 있음을 나타낸다.

둘째, 근본적으로 정보보호 예산에 대한 정보가 2007년부터 소개되었다. 그 전에는 부처별 정보화 예산 내 정보보호 예산을 분류해 편성하여 각 부처의 정보화 촉진 예산에 합산해 발표하였다. 이는 개인정보보호정책의 추진이 체계적으로 이루어지지 않았음을 보여 준다.

마지막으로, 정부 예산 편성은 특정 해에 발생한 해킹 또는 정보 유출사고에 일시적으로 반응하는 모습을 보인다. 정부가 정보보호에 대한 기술개발 대책을 수립한 시점도 개인정보침해 이슈가 발생한 2002년과 정보 유출사고가 발생한 2008년이라는 점에서 특정 외부요인에 의해 계획이 이루어지고 예산이 편성되었음을 확인할 수 있다. 즉, 정부의 정보보호에 대한 예산 편성은 형식적인 수단에 그칠 수밖에 없었고, 그동안 정부가 진흥을 위해 예산을 편성해 오던 틀에서 벗어날 수 없었음을 알 수 있다.

5. 결론

이 장에서는 역사적 제도주의 시각에서 한국의 개인정보보호정책의 발전을 살펴보았다. 개인정보보호정책은 산업경쟁력 향상이라는 정책이념에 토대를 두고 있는 정보화 촉진 정책에 의해 진행되었다. 그 결과 개인정보 유출사태가 빈발하고, 강도가 커지며, 대규모화되었을 뿐만 아니라, 유출의 사회적 영향이 매우 심각해졌다. 그럼에도 불구하고, 개인정보보호정책은 경로의존적이고 소극적인 방식으로 발전되었다.

우리나라 정보화 정책의 추진과 개인정보보호정책의 전개를 세 시기로 나누어 거버넌스 구조와 행정조직, 규제제도, 정부의 재정투자, 연구개발 투자로 구분하여 경로의존성을 분석하면 다음과 같다.

1시기는 강력한 정보화 추진 정책을 통한 인프라 구축에 힘을 쏟았고, 2시기는 정보인프라의 고도화, 3시기는 정보인프라 활용정책으로 정보 고도화의 단계로 발전되었다. 그러나 개인정보보호정책은 기본적으로 정보화 정책의 하부 위상에서 벗어나지 못하는 경로의존적인 변화에 그쳤다. 정보사회가 고도화되고 개인정보 유출사태가 더욱 빈발하며 대형화됨에도 불구하고 개인정보보호정책은 독립된 영역을 확

〈표 1-16〉 개인정보보호정책의 경로의존적 전개(1980~2014년)

구분		1시기	2시기	3시기
정책이념		정보화 추진	정보화 촉진	정보 고도화
정보화 정책		인프라 구축	인프라 고도화	정보인프라 활용
개인정보 보호정책		개인정보보호 추진	개인정보보호 형성	개인정보보호 답보
개인정보보호 정책변화양상		정책의 추진과 제도적 미분화	정책의 형성과 제도적 분화 시작	정책의 답보와 독립적 추진 기반 취약
정책 수단	예산	전산망 투자를 통한 정보화 초기 기반 마련	생산성 향상을 위한 정부 지원	적극적인 정보화 진흥정책과 반응적 정보보호정책
	프로 그램	기초 인력의 양적 확충	정보보호산업 인력 확충	신수요 분야 인력 충원

보하지 못하고 정보화 정책의 틀에 매여 있었다. 개인정보보호정책의 이러한 위상뿐만 아니라, 불안정한 거버넌스와 실효성이 적은 정책수단의 확보가 구조화되는 것이 개인정보 유출의 위험을 더욱 심각하게 하는 요인이 되었다. 이로 인해 점점 더 빈발하고 심각해지고 있는 개인정보 유출에 관한 정책은 예방하고 관리하는 데 취약한 구조를 보이고 있다. 따라서 개인정보보호를 위한 거버넌스 구조의 재편, 재정투자, 그리고 기술개발이 더욱 적극적으로 시행될 필요가 있다.

이러한 논의를 토대로 몇 가지 이론적·정책적 함의를 제시하면 다음과 같다. 우선, 기존 연구가 정책이념을 정책변화의 요인으로 설정한 데 비해 이 장에서는 정책이념이 정책의 지속이나 제한된 변화에 대한 영향요인이 된다는 점을 밝혔다. 정책이념 개념의 이론적 적용을 확대할 수 있다는 점을 강조하였다. 사회학적 제도주의에서는 제도를 넓게 해석하여 이념과 같은 문화적 요소를 포함하는 것으로 상정한 데 반해, 제도와 정책이념을 서로 독립된 변수로 설정하는 것이 정책의 변화나 지속을 설명하는 데 더 유용하다는 점을 밝히고 있다.

정책적으로는 다음과 같은 제언이 가능하다. 첫째, 개인정보 유출과 같은 사고에 대응하는 예방시스템과 로드맵이 체계적으로 구축될 필요가 있다. 정보기술의 급격한 발전, 정보통신의 융합, 모바일 인터넷의 보편화와 고성능의 디지털 기기 사용 확대와 함께 정보와 데이터의 가치가 증대하고 있는 정보통신환경에서 개인정보 유출과 같은 사이버 사고를 원천적으로 봉쇄하기는 어렵다. 예방차원에서 개인정보보호정책이 정보화 진흥정책에서 더욱 독립적인 영역과 위상을 확보한 후, 정보화 진흥정책과의 관계 재정립이 이루어져야 한다. 지금까지처럼 정보화 진흥정책의 하부영역으로 간주되는 한 보다 현실적인 정보보호정책 추진은 어렵다. 둘째, 위험 예방 및 안전과 관련된 정책의제는 물리적 공간의 안전뿐 아니라 사이버 공간의 안전 이슈도 반드시 포함해야 한다. 오프라인과 온라인의 세계가 점차 통합되어 가고 있는 점을 고려하면 안전이 확보되지 않은 사이버 공간의 문제는 바로 물리적·사회적 공간의 문제로 비화될 수 있기 때문이다.

본 논의가 이론적·정책적 함의를 제시하고 있음에도 불구하고 다음과 같은 후속연구를 통해 개인정보보호정책에 관한 논의를 보완·발전할 필요가 있다. 정책의 경로의존적 전개에 미치는 영향은 중범위 수준에서 보아도 권력구조, 경제적 이익구조 등 여러 가지가 있을 수 있다. 이러한 점은 정책이념 변수에 착안한 추가적인 변수로 우리나라 개인정보보호정책의 문제점을 더욱 종합적으로 실증할 필요성을 제시한다.

참고문헌

강정수 외, 조현석 편(2013), 《빅데이터와 위험정보사회》, 커뮤니케이션북스.
고주현(2013), EU의 예방주의적 GMO 규제정책에 대한 연구: 이해관계, 제도, 아이디어를 중심으로, 〈유럽연구〉, 31(2), 179~213.
국가정보원·미래창조과학부·방송통신위원회·안전행정부(2013), 《국가정보보호백서》, 국가정보원.

국가정보원·정보통신부(2004~2007), 《국가정보보호백서》, 국가정보원.

국가정보원·방송통신위원회(2008), 《국가정보보호백서》, 국가정보원.

국가정보원·방송통신위원회·지식경제부·행정안전부(2009~2012), 《국가정보보호백서》, 국가정보원.

권헌영(2009), 개인정보보호법 입법을 다시 거론하며, 〈토지공법연구〉, 43(4), 809~826.

김동욱·성욱준(2012), 스마트시대 정보보호정책에 관한 연구, 〈정보보호학회논문지〉, 22(4), 883~899.

김상배(2002), 정보화에 대한 대응: 한국형 정보화전략의 모색을 위한 시론, 세종연구소 편, 《세종연구소, 21세기 도약을 위한 세계화전략: Upgrade Korea》, 세종연구소, 143~163.

김석우·윤석상·정상호·조찬수(2010), 한국 중소기업 정책결정요인 분석: 아이디어, 이익 그리고 제도, 〈세계지역연구논총〉, 28(3), 355~382.

김시윤(1997), 정책변화와 신제도주의: 통신산업정책의 사례, 〈한국정치학회보〉, 31(1), 323~324.

김영식(1998), 정보보호산업을 해외진출 주력사업으로, 〈나라경제〉, 2월호, 68~71.

김평호(2006), 뉴미디어-정보화 정책과 개발주의 패러다임의 문제, 〈한국언론정보학보〉, 36, 231~253.

류석상 외(2005), 《개인정보보호제도 시행을 위한 사례연구》, 정부혁신지방분권위원회.

명승환·허철준·권용민(2009), 효과적인 정보화예산관리체계 및 정보화투자예측 모형에 관한 탐색적 연구, 〈한국지역정보화학회지〉, 12(4), 111~139.

미래창조과학부(2013), 2013 국가정보화에 관한 연차보고서.

방민석·김정해(2003), 대기업규제정책에 대한 신제도주의적 분석: 정책변화의 경로의존성을 중심으로, 〈한국행정학보〉, 37(4), 233~259.

성욱준(2013), 개인정보보호법 입법 과정에 관한 연구: 정책흐름모형을 중심으로, 〈한국정책학회보〉, 22(2), 151~179.

신원부·김태훈·김종업(2013), 개인정보보호의 현황과 개선방안, 〈한국위기관리논집〉, 9(6), 111~140.

심원섭(2009), 한국 관광산업의 변화과정 연구: 역사적 제도주의하의 경로의존성을 중심으로, 〈관광학연구〉, 33(7), 161~185.

염재호·홍성만·왕재선(2004), 정부관료제의 역사적 형성과 제도 변화: 중앙
행정기관 조직시스템 변화에 대한 역사적 제도주의 접근을 중심으로, 〈정
부학연구〉, 10(1), 5~49.

유홍림·유은철(2011), 국민체육진흥기금 융자사업에 대한 경로의존성 분석:
Mahoney의 자기강화모형을 토대로, 〈정부학연구〉, 17(3), 237~279.

윤대엽(2012), 수출주도 발전의 위기와 산업정책의 정치, 1980~2007: 이념,
제도와 발전의 거버넌스, 연세대학교 정치학 박사학위논문.

윤상오(2009), 전자정부 구현을 위한 개인정보보호정책에 관한 연구: 정부신
뢰 구축의 관점에서, 〈한국지역정보화학회지〉, 12(2), 1~29.

이광석(2013), 지배양식의 국면 변화와 빅데이터 감시의 형성, 〈사이버커뮤니
케이션학보〉, 30(2), 191~231.

이석민(2010), 과학기술정책 형성과 결정에서 정당 정책이념의 역할에 관한 연
구: 사회적 구성주의 관점과 비교역사적 분석, 〈한국사회와 행정연구〉,
20(4), 215~238.

이선화·박기식(1995), 국내 정보보호 관련법규의 분석 및 고찰, 〈전자통신동
향분석〉, 10(2), 143~162.

이영선(2013), 국가정보화투자의 특성과 시사점-지난 10년 간(04~13년) 정보
화 투자현황을 중심으로, 한국정보화진흥원.

이재호(2012), 미래 전자정부를 위한 정부조직 재설계에 관한 연구, 한국행정
연구원.

이창범·김로사(2002), 아시아·태평양지역의 개인정보보호제도 현황 조사 및
연구, 한국정보보호진흥원.

이한주(2013), 개인정보보호위원회 제도의 문제점과 개선방안: 프랑스 CNIL
의 비교를 통하여, 〈법학논고〉, 41(2), 477~500.

장지호(2003), 김대중정부의 대기업 구조조정정책 연구: 역사적 제도주의의
적용, 〈한국정책학회보〉, 12(2), 89~111.

정보통신부(1996~2007), 정보화에 관한 연차보고서.

_____(1999), Cyber Korea 21: 창조적 지식기반국가 건설을 위한 정보화
Vision.

_____(2002a), e-Korea Vision 2006: 글로벌 리터, e-Korea 건설을 위한 제
3차 정보화촉진기본계획.

_____(2002b), 2002년 개인정보보호 중장기 대책.

_____(2003a), Broadband IT Korea Vision 2007: 참여정부의 정보화 촉진

및 정보통신 발전 전략.

_____(2004a), Broadband IT Korea 건설을 위한 광대역통합망(BcN) 구축 기본계획.

_____(2005a), 안전한 u-Korea 구현을 위한 중장기 정보보호 로드맵.

_____(2007a), '08년도 정보보호예산 작성 가이드.

정보통신정책연구원(1999), 정보통신서비스에서의 개인정보보호에 관한 지침 (안) 연구, 정보통신산업진흥원.

정보화추진위원회(2008), 국가정보화 기본계획, 안전행정부.

정용덕 외(1999), 《신제도주의 연구》, 대영문화사.

정홍식(1992), 정보통신산업 육성방안, 정보통신정책연구원.

조성은·김선혁(2006), 정책결정요인으로서의 제도, 이해(利害) 그리고 아이디 어: EU, 한국, 미국의 GMO 표시정책 비교 연구, 〈행정논총〉, 44(3), 121~152.

조현석(1999), 미국 클린턴 행정부의 신기술정책과 WTO 보조금 협정, 〈한국 정치학회보〉, 33(2), 389~405.

_____(2002), 우리나라 과학기술정책의 이념: 국가, 기업, 시민사회, 〈과학기 술학연구〉, 2(1), 85~105.

진상현(2009), 한국 원자력 정책의 경로의존성에 관한 연구, 〈한국정책학회보〉, 18(4), 123~145.

천세봉·하연섭(2012), 과학기술정책 거버넌스 변동에 관한 신제도주의 분석: 노무현 정부와 이명박 정부를 중심으로, 〈한국정책학회보〉, 22(4), 87~ 113.

최명선(1997), 정보통신망 고도화 추진계획, 정보통신부.

하연섭(2006), 정책아이디어와 제도 변화: 우리나라에서 신자유주의의 해석과 적용을 중심으로, 〈행정논총〉, 44(4), 1~27.

_____(2011), 《제도분석, 이론과 쟁점》, 다산출판사.

한국과학기술기획평가원(2004~2013), 2007~2014년 각 연도 정부연구개발사 업 현황.

_____(2014), 정부연구개발예산·기금 현황분석.

한국전산원(1993~2006), 《국가정보화백서》.

한국정보보호진흥원(2002~2003), 《개인정보보호백서》.

한국정보사회진흥원(2007~2008), 《국가정보화백서》.

한국정보화진흥원(2009~2013), 《국가정보화백서》.

_____(2013), 국가정보화투자의 특성과 시사점-지난 10년 간(04~13년) 정보
　　화 투자현황을 중심으로.
한인희·고경민(2002), 신자유주의적 정책변화의 결정요인: 탐색적 고찰, 〈한
　　국정책과학학회보〉, 6(1), 5~27.
한세억(2002), 정보화의 경로의존성에 관한 연구, 〈정보사회연구〉, 봄호: 1~
　　29.
행정안전부(2008a), 2008년 정보보호 중기 종합계획.
_____(2008b), 2008년 정보화에 관한 연차보고서.
_____(2012a), 2009~2012년 국가정보화에 관한 연차보고서.
_____(2012b), 《국가정보화백서》.
황주성·김성우(2003), 인간 중심의 정보사회 전면화를 위한 제언, 〈KISDI 이
　　슈리포트〉, 3~16.

법제처 국가법령정보센터, 정보화촉진기본법, 법률 제 4969호.
_____, 정보화촉진기본법, 법률 제 7814호.
_____, 공공기관의 개인정보보호에 관한 법률, 법률 제 4734호.
_____, 공공기관의 개인정보보호에 관한 법률, 법률 제 5715호.

〈매일경제〉(2014. 1. 8), 카드사 고객정보 1억 400만 건 유출.
〈국민일보〉(2014. 4. 14), 개인정보 유출사고는 계속되는데 … 주민번호 개선
　　논의는 어디로?.

네이버 뉴스라이브러리, newslibrary. naver. com.
미디어가온, www. kinds. or. kr.
미래창조과학부, www. misp. go. kr.
법제처 국가법령정보센터, www. law. go. kr.
안전행정부, www. mospa. go. kr.
한국과학기술기획평가원, www. kistep. re. kr.
한국인터넷진흥원, www. kisa. or. kr.
한국정보화진흥원, www. nia. or. kr.

Berman, S. (2001), Ideas, Norms, and Culture in Political Analysis, *Comparative Politics*, 33(2), 231~250.

Blyth, M. (1997), Any More Bright Ideas? The Ideational Turn of Comparative Political Economy, *Comparative Politics*, 29(1), 229~250.

_____ (2002), *Great Transformation: Economic Ideas and Institutional Change in the Twentieth Century*, Cambridge: Cambridge University Press.

Campbell, J. L. (1998), Institutional Analysis and the Role of Ideas in Political Economy, *Theory and Society*, 27(3), 377~409.

Collier, R. B. & Collier, D. (1991), *Shaping the Political Arena: Critical Junctures, the Labor Movement, and Regime Dynamics in Latin America*, Princeton: Princeton University Press.

Cox, R. H. (2001), The Social Construction of An Imperative: Why Welfare Reform Happened in Denmark and the Netherlands but Not in Germany, *World Politics*, 53(3), 463~498.

Goldstein, J. & Keohane, R. O. (1993), Ideas and Foreign Policy, In J. Goldstein & R. O. Keohane(Eds.), *Ideas and Foreign Policy: Beliefs, Institutions, and Political Change*, 3~30. Ithaca: Cornell University Press.

Hall, P. A. (1986), *Governing the Economy*, New York: Oxford University Press.

_____ (1992), The Movement from Keynesianism to Monetarism: Institutional Analysis and British Economic Policy in the 1970s, In Sven Steinmo, Kathleen Thelen, & Frank Longstreth(Eds.), *Structuring Politics: Historical Institutionalism in Comparative Analysis*, 90~113. New York: Cambridge University Press.

Inkenberry, G. J. (1988), Conclusion: An Institutional Approach to American Foreign Economic Policy, *International Organization*, 42(1), 219~243.

Krasner, S. D. (1988), Sovereignty: An Institutional Perspective, *Comparative Political Studies*, 21(1), 66~94.

Larson, J. F. & Park, J. (2014), From Developmental to Network State: Government Restructuring and ICT-led Innovation in Korea. *Telecommunications Policy*, 38(4), 344~359.

Lee, K. S. (2012), *IT Development: A Broadband Nirvana?*, London and New York: Routledge.

Mahoney, J. (2000), Path Dependence in Historical Sociology, *Theory and Society*, 29(4), 507~548.

_____ (2001), *The Legacies of Liberalism: Path Dependence and Political Regimes in Central America*, Baltimore: The Johns Hopkins University Press.

Nielson, K., Jessop, B., & Hausner, J. (1995), Institutional Change in Post-Socialism, In J. Hausner, B. Jessop, & K. Nielsen(Eds.), *Strategic Choice and Path-Dependency in Post-Socialism: Institutional Dynamics in the Transformation Process*, 80~102, Hants, UK: Edward Elgar.

North, D. C. (1990), *Institutions, Institutional Change and Economic Performance*, Cambridge: Cambridge University Press.

North, D. C. & Thomas, R. P. (1973), *The Rise of the Western World: A New Economic History*, Cambridge: Cambridge University Press.

North, D. C. & Weingast, B. R. (1989), Constitutions and Commitment: The Evolution of Institutions Governing Public Choice in Seven-teenth-Century England, *The Journal of Economic History*, 49(4), 803~ 832.

Putnam, R. (1994), *Making Democracy Work: Give Traditions in Modern Italy*, Princeton, NJ: Princeton University.

Skocpol, T. (1979), *State and Social Revolutions: A Comparative Analysis of France, Russia and China*, Cambridge: Cambridge University Press.

Scott, W. R. (1995), *Institutions and Organizations*, London: Sage.

Thelen, K. (1999), Historical Institutionalism in Comparative Politics, *The Annual Review of Political Science*, 2(1), 369~404.

_____ (2004), *How Institutions Evolve: The Political Economy of Skills in Germany, Britain, the United States, and Japan*, New York: Cambridge University Press.

Thelen, K. & Steinmo, S. (1992), Historical Institutionalism in Comparative Politics, In S. Steinmo, K. Thelen, & Frank Longstreth(Eds.), *Structuring Politics: Historical Institutionalism in Comparative Analysis*, 1~ 32. New York: Cambridge University Press.

Wolfgang, S. & Thelen, K. (2005), Introduction: Institutional Change in Advanced Political Economics, In W. Streek & K. Thelen(Eds.), *Beyond Continuity: Institutional Change in Advanced Political Economics*, 1~39, New York: Oxford University Press.

02

빅데이터 시대의 개인데이터 활용정책: 영국의 마이데이터 정책과의 비교*

윤상오 · 김기환**

1. 서론

오늘날 다양한 분야에서 데이터가 끊임없이 생성되면서 그 규모와 증가속도는 상상을 초월하고 있다. 이에 따라 기업은 물론이고 정부도 과거와는 비교할 수 없을 만큼 많은 양의 데이터를 다양한 용도와 목적으로 수집해 관리하고 있다. 그러나 이에 들이는 시간과 비용에 비해, 활용이 저조하여 막대한 잠재가치를 지닌 소중한 자원이 사장되고 있다는 비판이 지속적으로 제기되고 있다.[1] 따라서 우리나라를 비롯한 대부분의 선진국은 데이터의 활용성을 높이기 위한 다양한 노력을 하고 있는데, 대표적인 예가 공공데이터 개방정책이다. 데이터 개방의 일반적 목적은 정부와 공공기관 등이 수집하여 축적하고 있는 방대한 데이터들을 민간에 개방하여 기업과 시민들이 자유롭게 활용하도록 함으로

* 이 글은 〈한국정책과학학회보〉(2016년 제 20권 1호)에 실린 윤상오 · 김기환 논문(빅데이터 시대의 한국과 영국 간 개인데이터 활용정책 비교연구)을 부분적으로 수정한 글이다.

** 윤상오: 단국대학교 공공관리학과 교수
   김기환: 서울과학기술대학교 행정학과 교수

1 현재 전 세계적으로 스마트폰과 각종 정보기술의 급속한 보급, SNS 활용 증가 등으로 2년마다 총 데이터가 2배씩 증가하고 있는데, 전체 데이터의 0.5%만이 활용을 위해서 분석되고, 99.5%의 데이터는 기록되고 축적될 뿐이라는 지적도 있다(MIT, 2015).

써 데이터 산업을 육성하고 다양한 부가가치를 창출하는 것이다.[2]

빅데이터 중에서 증가속도와 규모 면에서 가장 빠르고 큰 데이터는 개인데이터이다.[3] 특히, 개인데이터는 기존의 정형화된 개인 속성 데이터뿐만 아니라 개인들이 다양한 스마트 장치와 SNS를 통해 자발적으로 생산해내는 소셜 데이터, 개인의 활동이 CCTV나 센서 등에 포착되고 기록되는 관찰데이터 등으로 확대됨에 따라 그 규모가 기하급수적으로 증가하고 있다(BIS, 2012: 5; WEF, 2011: 14). 그러나 개인데이터는 그 규모나 비중 그리고 내포하고 있는 잠재가치에 비해, 활용이 상당히 제한되었다. 양보하기 어려운 절대 가치라는 개인의 '인권'과 '사생활' 보호 등을 이유로 활용보다는 보호에 치중했기 때문이다. 그러나 정부나 기업에서 추진하고 있는 각종 정책이나 사업 그리고 업무처리에서 개인데이터를 활용하지 않고는 불가능하거나 어려운 경우가 많다. 따라서 개인데이터의 보호와 활용 사이의 딜레마는 점점 더 첨예한 이슈가 되고 있는 상황이다.

그럼에도 불구하고 선진국에서는 개인데이터의 보호와 활용을 동시에 추구하기 위한 정책을 시도하고 있는데, 영국에서의 대표적인 사례가 마이데이터(Midata) 정책이다. 영국에서는 2011년부터 기업들이 보유하고 있는 개인데이터를 해당 개인에게 적극적으로 제공하여 합리적인 의사결정과 소비행태를 촉진함으로써 개인의 경쟁력은 물론 기업과 산업, 나아가 국가의 경쟁력까지 제고하고 있다(BIS, 2014). 반면 우리나라는 여전히 개인정보보호법과 개인정보영향평가제[4] 등 강력한 법규

---

2 미국의 스마트 개방(Smart Disclosure)이나 우리나라의 〈공공데이터의 제공과 이용활성화에 관한 법률〉에 따른 공공데이터 개방정책이 대표적인 예이다(김기환·윤상오, 2015).

3 전 세계적으로 생성되는 데이터의 75% 이상이 개인에 의해 생성되는 데이터이다(IDC, 2014).

4 2015년 7월 24일에 개정돼 2016년 7월 26일부터 시행되는 개인정보보호법 제8조의 2(개인정보 침해요인평가)에 따라 시행되는 개인정보영향평가제는 공공기관에서 개인정보를 활용하는 신규정보시스템을 도입하거나 기존 개인정보 취급 정보시스템의 중대한 변경사항 발생 시 동일한 시스템의 구축·운영·변경 등으로 프라이버시에 미치는 영향을 사전

들로 개인데이터의 활용보다는 보호에 중점을 두고 있으며, 이에 따라 활용에 대해서는 소극적인 입장을 취하고 있다.

이 장에서는 영국과 우리나라가 개인데이터 활용정책에서 어떠한 차이를 보이는가를 직접 비교한다. 구체적으로 양 국가의 개인데이터 활용정책의 추진배경, 목적, 방법 및 절차, 추진체계, 관련 법제도, 활용사례 등을 비교하고, 이를 바탕으로 우리나라에서 개인데이터 활용을 촉진하여 보호와 활용의 균형을 맞추기 위해 정부가 어떤 노력을 할 수 있을지를 논의한다.

2. 개인데이터 활용으로서의 마이데이터 정책

1) 왜 개인데이터 활용이 중요한가?

데이터 규모가 급속히 증가하면서 기존에는 저장되지 않거나 분석이 불가능했던, 또는 분석할 필요가 없었던 방대한 분량의 빅데이터가 양산되기에 이르렀다. 빅데이터 중에서 가장 큰 부분을 차지하는 개인데이터는 상당한 정도의 잠재적 가치를 지니면서도 가장 민감하게 다루어야 할 대상으로 인식된다. 국가안보나 기업비밀 등 일부 민감한 데이터를 제외한 대부분의 공공데이터와 민간데이터가 적극적인 개방과 활용을 전제로 한다면, 개인데이터는 보호와 활용이라는 두 영역을 동시에 충족해야 하기 때문이다. 일반적으로 개인데이터란 살아 있는 개인에 관한 데이터로서 개인을 직접적으로 식별하거나 다른 데이터와 조합하여 간접적으로 식별할 수 있는 모든 것을 의미한다.[5] '식별된 또는

에 조사·예측·검토하는 체계적인 절차이다.

5 우리나라의 개인정보보호법, 전자서명법, 정보통신망 이용촉진 및 정보보호 등에 관한 법률에서는 '개인데이터' 대신 '개인정보'라는 용어를 쓰고 있다. 이 글에서는 개인데이터를

식별될 수 있는 개인에 관한 모든 데이터'(OECD, 1980; 2013) 또는 신체적·정신적·심리적·경제적·문화적·사회적 특성의 요소에 의해서 직간접적으로 식별되는 자연인에 관한 데이터(EU, 1995)를 모두 포괄한다. 또한 해당 데이터만으로는 개인을 식별할 수 없지만 다른 데이터와 결합했을 때 개인을 식별할 수 있는 데이터도 포함한다.

전통적으로 정부는 법과 제도에 의해 공식적이고 합법적으로 개인데이터를 수집했으며, 기업이나 비영리조직 등도 고객관리나 회원관리 또는 마케팅 등의 목적으로 다양하게 개인데이터를 수집하여 관리했다. 근래에는 정부나 기업뿐만 아니라 개인 스스로 자신의 모든 것을 자발적으로 기록하고 공개하는 스마트 시대가 본격화됨에 따라 개인데이터의 양이 폭발적으로 증가할 뿐만 아니라 형태와 내용도 훨씬 다양해지고 있다.

개인데이터와 관련하여 가장 심각한 문제는 프라이버시 침해이다. 현대사회에서 각종 첨단 정보통신기기들이 광범위하게 보급되면서 개인의 의사와는 관계없이 자신에 관한 내용들이 기록되는 '발가벗겨진 사회'(*naked society*)가 되고 있는데(Parkard & Perlstein, 2014), 이를 두고 프라이버시 종말(Podesta, 2014)의 시대라고까지 일컫는다. 프라이버시 침해가능성이 확대되면서 자연스럽게 개인데이터 보호를 위한 규제가 강화되었다. 우리나라는 개인정보보호법, 전자서명법, 정보통신망법, 신용정보법 등으로 개인데이터의 수집·유출·오용·남용으로 인한 프라이버시 침해를 방지하고 있고, 대부분의 선진국도 프라이버시 보호를 위한 법제도적 장치를 강화하고 있다. 또한 OECD(1980; 2013)도 프라이버시 보호를 위해 개인데이터에 대한 수집제한의 원칙, 데이터 품질 원칙, 목적 명확화의 원칙, 이용제한의 원칙, 안전성 확보의 원칙, 공개의 원칙, 개인참여의 원칙, 책임성의 원칙 등의 가이드라

개인정보까지 포괄하는 의미로 사용하였다.

인을 제시하고 있다. 개인데이터는 침해될 경우 개인의 사생활과 인권, 명예나 신뢰의 손상뿐만 아니라 경제적이고 금전적인 손실을 유발할 수도 있다. 기업에 의한 개인데이터 유출이나 오남용은 기업이미지 훼손, 대규모 소송에 따른 피해보상, 기업에 대한 고객의 신뢰저하 등의 심각한 문제를 유발한다. 정부기관에 의한 개인데이터 유출이나 침해도 정부에 대한 불신을 넘어 시민들의 저항이나 반발을 일으키기도 한다. 개인데이터 유출과 오남용의 가장 근본적인 문제는 개인과 기업 간, 개인과 정부 간, 개인과 개인 간 신뢰를 약화시킴으로써 정부경쟁력이나 산업경쟁력을 넘어 국가경쟁력까지 약화시킬 수 있다는 점이다 (WEF, 2012).

그런데 이처럼 보호의 대상이 되어야 할 개인데이터는 동시에 활용가치도 지닌다. 데이터는 본질적으로 활용을 전제로 수집된다. 데이터의 가치는 활용될 때 비로소 창출되며 쌓아두기만 하는 데이터는 단순히 기록으로서의 의미 그 이상을 가지기 어려울 뿐만 아니라 경쟁력의 핵심 원천인 소중한 자원을 방치하는 것이다. 또한 데이터는 수집하여 보관하는 데 많은 비용이 소요되기 때문에 활용하지 않을 경우 경제적으로도 큰 부담을 초래한다. 특히 빅데이터의 가장 큰 부분을 차지하는 개인데이터는 점점 활용가치가 커지고 있다. 공공부문과 민간부문을 막론하고 고객지향적 서비스 또는 맞춤형 서비스 제공을 위해서는 필수적으로 개인데이터를 활용해야 하기 때문이다. 개인의 기본적인 속성정보(나이, 생일, 소득, 직업)와 더불어 개인의 수요나 욕구에 대한 정보, 개인의 취향이나 행태에 관한 정보 등이 종합적으로 수집되고 결합되며 분석되고 추론되었을 때, 고객맞춤형 서비스 제공이 가능해진다. 정부 3.0에서 제시하는 '생애주기별 맞춤형 서비스', '개인유형별 맞춤형 서비스', '맞춤형 복지' 등은 모두 개인데이터를 기반으로 하는 것이다(관계부처 합동, 2013). 또한 전자정부에서 추구하는 찾아가는 서비스, 선제적 서비스 등도 모두 개인데이터 활용을 기반으로 한다.

민간기업이 지향하는 고객맞춤형 서비스 제공뿐 아니라 고객취향이나 선호 분석을 통한 신상품 개발, 맞춤형 마케팅, 시장 세분화 등도 모두 개인데이터 활용이 필수적이다.

최근에는 개인데이터의 활용가치가 더욱 커지고 있다. 기존의 정태적이고 고정적인 개인데이터에 더해 개인이 사이버 공간에서 만들어내는 광범위하고 다양한 소셜 개인데이터(페이스북, 트위터, 카카오톡, 밴드, 블로그 등)가 무한대로 증가하고 있기 때문이다. 소셜 개인데이터는 기존의 서베이데이터와 달리 개인의 '의견'이 아닌 실제의 '감정'과 '행태'를 있는 그대로 보여 준다는 점에서 훨씬 가치 있는 데이터이다 (Chen et al., 2014). 이러한 개인 빅데이터를 효과적으로 수집·분석할 수 있다면, 정부는 행정오류 축소, 업무처리비용 절약 등 능률성과 효과성뿐만 아니라 국민여론 파악 및 반영을 통한 정책품질 제고와 민주성 향상, 맞춤형 서비스 제공을 통한 고객지향성 제고 등을 달성할 수 있다. 기업들도 개인맞춤형 상품과 서비스 개발로 매출 및 이윤 증가, 시장점유율 확대, 시장선점 및 주도 등으로 경쟁력을 제고할 수 있다. 개인들도 자신의 개인정보를 제공하는 대가로 자신의 기호와 필요에 맞는 맞춤형 서비스를 받고 경제적 이득까지 취할 수 있다. 또한 개인데이터는 광범위하고 방대한 데이터를 분석하고 의미를 찾아내 해결책을 제시해주는 새로운 시장의 창출가능성을 열어주고 새로운 비즈니스 모델과 창업 기반을 제공해 주기도 한다(서울대학교, 2009: 46; 손규식, 2008; 이민영, 2005).

2) 마이데이터의 핵심 요소인 '소비자 권한 강화'

소비자 권한 강화(consumer empowerment)란 소비자들이 의사결정을 할 때 자신감과 확신을 느끼도록 하는 것뿐만 아니라, 이용가능한 최선의 정보와 선택도구들을 활용해 최선의 의사결정을 하도록 하는 것이다. 더 나아가 소비자들은 자신들의 개별행동으로 인해 효용을 증대시킬 뿐 아니라 시장에서의 집단행동을 통해 궁극적으로 소비자 집단의 후생을 증대시키게 되는 것이다. 이를 위해서는 그동안 기업이 보유하고 있던 개별 소비자들의 소비 및 구매행태 등에 관한 데이터를 각 소비자에게 제공해 주는 것이 필요하다. 즉, 그동안 정보의 비대칭에 의해 기업들이 일방적으로 보유하고 있던 개인데이터 소유의 편중 문제를 해결함으로써 소비자들이 과거에 비해, 더욱 현명하고 똑똑해지도록 하는 것이다. 이렇게 본다면 소비자 권한이 강화되면 궁극적으로 똑똑하고 현명한 소비자들이 육성됨으로써 소비자들의 욕구와 기대에 부응하는 기업들만이 살아남을 수 있게 된다. 결국 치열한 경쟁환경에서 혁신하고 변화하여 소비자 기대를 충족시키는 경쟁력 있는 기업들만이 살아남을 수 있도록 하고, 이는 궁극적으로 국가 경제를 튼튼히 하고 성장과 경쟁력을 키워줄 수 있다는 것이다.

소비자 권한 강화정책은 근본적으로 다음과 같은 두 가지 변화를 촉진한다. [6] 첫째는 소비자 정보통제권의 변화이다. 그동안 기업들이 독점적으로 갖고 있던 소비자들에 대한 정보통제권을 소비자 개인 또는 소비자 집단에게 이관함으로써 소비자들의 편익 또는 기업과 소비자 양자의 편익 증진을 위해 이 정보들을 활용하도록 하는 것이다. 둘째는 소비자 보호를 위한 규제 개념의 변화이다. 기존의 규제가 소비자 피해 구제를 위해 정부기관이 취하던 직접적 조치로서의 규제였다면, 소비자 권한 강화정책은 개인데이터 제공을 통해 현명한 소비자를 만들고 이러한 소비자가 개인적 또는 집단적으로 기업에게 자신들의 요구와 기대에 대한 요청을 하도록 하여 궁극적으로 소비자 자신들이 원하는 상품과 서비스를 보장받도록 규제한다. 이를 통해 보다 자신감 있고 강

---

6 이 내용은 영국 산업혁신 · 기술부(Department for Business, Innovation & Skill: BIS)와 내각사무처의 특별팀이 발간한 "더 나은 선택: 더 나은 거래 소비자 권한 강화"의 내용을 정리한 것이다.

력한 소비자들이 자신들을 위한 옳은 선택을 하도록 하는 것이다. 즉, 소비자들의 협상력을 제고하고, 보다 나은 상품과 서비스를 요구할 수 있도록 하며, 문제발생 시 더욱 잘 해결할 수 있도록 하는 것이다. 이러한 접근법은 소비자에게 정직하고 고품질의 상품과 서비스를 제공하는 기업들만이 경쟁력을 갖게 하며, 기업들의 혁신, 경쟁, 성장을 촉진할 것으로 기대된다. 결국 이것은 기업과 산업뿐 아니라 국가의 경쟁력을 높이는 데에 기여할 것이므로 소비자와 경제를 위한 더 나은 거래(*better deal*)는 모두에게 좋은 거래를 의미한다.

소비자 권한 강화정책 추진이 가능하게 된 것은 다음의 세 가지 핵심적 변화 때문이다. 첫째는 새로운 기술의 역할이 증대되었다. 인터넷과 모바일 애플리케이션은 소비자들이 상품과 서비스를 찾고, 비교하며, 구매하기 위한 새로운 통로를 제공해 주었다. 둘째는 소비자 자신의 거래이력으로부터 추출한 데이터의 활용이다. 이것은 기업들이 자신들의 소비자들을 더욱 잘 이해하도록 해주었고, 소비자 맞춤형 제안을 가능하도록 했다. 셋째는 각 소비자가 경제영역을 넘어 서로 협업할 수 있는 새로운 방식이 개발된 것이다.

요컨대 소비자 권한 강화정책의 특징은 전통적인 정부 주도의 접근 방식과 다르다는 점이다. 새로운 입법 프로그램을 설정하지도 않고, 의회에 의한 새로운 규제를 설정하지도 않는다. 반면에 기업, 소비자 집단, 규제자 간의 파트너십을 활용한다. 즉, 어떻게 하면 소비자들의 권한을 강화시킬 수 있는가에 대한 토론과 환류를 주로 활용한다. 물론 규제의 중요성을 완전히 간과하는 것은 아니지만 비규제적 파트너십 접근법은 전통적 방식보다 비용이 덜 들면서도 효과적이라는 것이다.

3. 우리나라와 영국의 개인데이터 활용정책 비교

1) 무엇을 비교할 것인가?

우리나라와 영국의 개인데이터 활용정책의 비교대상은 양 정부가 직접 수립하여 추진하고 있는 개인데이터 활용 관련 각종 정책과 계획 등이다. 우리나라는 공식적으로 개인데이터 활용정책을 표방하고 있지는 않지만, 다양한 공공데이터 활용정책에 개인데이터 활용을 포함하고 있다. 가장 대표적인 것은 2012년부터 교육과학기술부, 행정안전부, 지식경제부 등 5개 부처가 공동으로 수립하여 추진 중인 '스마트 국가 실현을 위한 빅데이터 마스터플랜'(이하 빅데이터 정책), 박근혜 정부 출범과 함께 2013년부터 추진 중인 '정부 3.0 정책' 중 '유능한 정부 구현을 위한 빅데이터 활용 확대방안'(이하 정부 3.0 정책), 그리고 2013년부터 시작하여 2014년 11월에 시행된 '공공데이터의 제공 및 이용활성화에 관한 법률'에 의해 공공데이터전략위원회가 수립·추진하고 있는 '공공데이터의 제공 및 이용활성화 기본계획'('13~'17, 이하 공공데이터 개방정책)이다.

영국은 개인데이터 활용을 위해 우리나라와 같이 정부가 보유한 공공데이터 개방정책을 추진하고 있을 뿐만 아니라 민간기업이 보유한 개인데이터 활용정책도 적극 추진하고 있다. 대표적인 예가 2011년부터 공식적으로 추진하고 있는 마이데이터 정책이다. 이 정책의 핵심은 기업들이 보유하고 있는 개인데이터를 정보 주체인 각 소비자에게 제공하여 소비활동에서의 권한을 강화하고 합리적 의사결정을 촉진하는 것이다. 또한 시장에서 합리적 소비자의 증가는 여기에 부응하기 위한 기업들의 노력을 통해 기업경쟁력을 강화하고, 나아가 산업경쟁력과 국가경쟁력까지도 강화할 수 있다는 것이다. 따라서 영국은 재무부와 산업혁신·기술부가 나서서 민간기업들이 보유하고 있는 개인데이터를 해당 개인에게 적극적으로 공개하도록 하는 정책을 추진하고 있다(BIS, 2011).

따라서 이 장에서의 비교대상은 영국의 마이데이터 정책과 우리나라의 빅데이터 정책, 정부 3.0 정책, 공공데이터 개방정책 등이다.

2) 어떻게 비교할 것인가?

우리나라와 영국 간 개인데이터 활용정책을 비교하기 위해서는 다음과 같이 비교기준을 정해야 할 것이다. 첫째, 활용대상이 되는 '개인데이터'의 개념이나 범위가 양국 간에 어떻게 다른가이다. 개인데이터는 고정된 개념이 아니라 계속 진화하고 발전하는 개념이며, 그 범주도 가장 좁은 개념에서부터 가장 넓은 개념까지 매우 다양한데 양국이 개인데이터를 어떻게 규정하고 있는가를 비교한다. 둘째, 개인데이터의 활용주체를 어떻게 보는가이다. 일반적으로 개인데이터 생태계(*personal data ecosystem*) 관점에서 볼 때 개인데이터의 핵심 활용주체는 공공서비스 제공과 정책결정 및 집행을 위한 정부 및 공공기관, 비즈니스 모델 개발을 통한 이윤창출을 목적으로 하는 민간기업이 주류를 이루며 (WEF, 2013) 여기에 개인데이터의 핵심 활용주체로서 국민 개개인을 포함시키기도 한다. 셋째, 개인데이터 보유주체에 대한 비교도 필요하다. 일반적으로 개인데이터를 보유하고 있는 주체는 정부를 비롯한 공공기관 그리고 영리창출을 위한 민간기업인데, 양국은 어느 기관에서 보유하고 있는 개인데이터를 활용의 목표로 삼고 있는지를 비교한다.

다음으로는 개인데이터 활용정책 자체에 대한 비교가 필요하다. 첫째, 영국과 우리나라에서 개인데이터 활용과 관련하여 어떠한 정책이 어떤 명칭으로 추진되고 있는가를 비교한다. 둘째, 이러한 개인데이터 활용정책의 비전과 목표는 무엇인가를 비교한다. 셋째, 개인데이터 활용정책의 핵심 내용이 무엇인가를 비교한다. 넷째, 개인데이터 활용정책의 추진주체는 누구이고 여기에 참여하는 기관들과 이들로 구성된

〈표 2-1〉한국과 영국의 개인데이터 활용정책 비교분석을 위한 기준

구분	비교기준
개인데이터의 내용과 성격	개인데이터의 개념과 정의
	개인데이터의 보유주체
	개인데이터의 활용주체
개인데이터 활용정책	정책의 명시성
	정책의 비전과 목표
	정책의 핵심 내용
	정책 추진주체 및 추진체계
	정책 추진방식
	타 정책과의 관계
개인데이터 보호와의 관계	개인데이터 보호와 활용의 관계

추진체계는 어떠한가도 비교한다. 다섯째, 정책 추진방식은 어떠한가
도 비교한다. 정부 주도적인가 아니면 민간 주도적인가 등이 대표적이
다. 여섯째, 개인데이터 활용정책과 타 정책과의 관계는 어떠한가도
비교한다.

마지막 비교대상은 개인데이터 활용과 보호의 관계이다. 활용과 보
호를 '상쇄관계'(*trade-off*)로 보는지 '상생관계'(*synergy*)로 보는지 등을
비교한다. 이상에서 제시한 비교분석의 기준을 종합하면 〈표 2-1〉과
같다.

4. 한국과 영국의 개인데이터 활용정책 비교

1) 개인데이터의 내용과 성격 비교

(1) 개인데이터란 무엇인가?

우리나라는 빅데이터 정책, 정부 3.0 정책, 공공데이터 개방정책 등
어디에서도 개인데이터를 별도로 분류하여 명확히 규정하고 있지 않으

며, 개인정보보호법과 공공정보의 개방·공유에 따른 〈개인정보보호지침〉 등에 따라 개인정보라는 개념을 활용하고 있다. 여기에서 규정한 개인정보란 '살아있는 개인에 관한 정보로서 성명, 주민등록번호 및 영상 등으로 개인을 알아볼 수 있는 정보, 그리고 다른 정보와 결합하여 개인을 알아볼 수 있는 정보'이다. 전자서명법과 정보통신망 이용촉진 및 정보보호에 관한 법률 등에서도 개인정보란 '당해 개인을 직접적으로 식별하거나 다른 정보와 조합하여 간접적으로 식별할 수 있는 모든 정보'로 규정하고 있다. 이러한 정의에 따라 우리나라의 개인정보보호를 총괄하는 한국인터넷진흥원에서는 개인정보를 다음과 같이 세분하고 있다.

우리나라의 개인정보 개념의 주요 특징은 첫째, 개인 속성에 관한 정보가 주류를 이룬다. 둘째, 일정한 틀과 형식을 갖춘 정형적 정보가 핵심이다. 셋째, 일단 정보가 생성되면 쉽게 바뀌지 않는 정태적 정보가 대부분이다. 넷째, 정보기술이 발달하기 이전부터 존재하던 정보가 대다수를 이루며, 정보화 이후에 생성된 정보는 통신정보나 위치정보 등 소수에 불과하다. 다섯째, 개인이 스마트 장치와 소셜 미디어를 통해 생산하는 비정형적이고 동태적인 소셜 개인데이터는 제외되었기 때문에 그 규모나 증가속도가 상대적으로 작고 느리다.

한편, 영국의 개인데이터 활용정책에서는 개인정보보다는 개인데이터란 개념을 활용하고 있으며, 그 내용도 훨씬 포괄적이고 구체적이다. 마이데이터 정책을 주도하는 산업혁신·기술부에 의하면 개인데이터란 "개인에 의해서 창출되는 개인에 대한 데이터"를 의미하며 다음과 같은 네 가지 유형으로 분류하고 있다(BIS, 2012: 5).

영국의 개인데이터 개념의 특징으로는 첫째, 정형적이고 정태적인 개인 속성 데이터뿐만 아니라 개인이 자발적으로 만들어내고 배포하며 공유하는 비정형적이고 동태적인 데이터까지 포괄한다. 둘째, 정보기술의 발달 이전부터 존재했던 개인 속성 데이터보다는 정보기술의 발

〈표 2-2〉 우리나라의 개인정보 유형

구분	개인정보 유형
일반정보	이름, 주민등록번호, 운전면허번호, 주소, 전화번호, 생년월일, 출생지, 본적지, 성별, 국적
가족정보	가족구성원들의 이름, 출생지, 생년월일, 주민등록번호, 직업, 전화번호
교육 및 훈련 정보	학교출석사항, 최종학력, 학교성적, 기술 자격증 및 전문 면허증, 이수한 훈련 프로그램, 동아리 활동, 상벌사항
병역정보	군번 및 계급, 제대유형, 주특기, 근무부대
부동산정보	소유주택, 토지, 자동차, 기타소유차량, 상점 및 건물 등
소득정보	현재 봉급액, 봉급경력, 보너스 및 수수료, 기타소득의 원천, 이자소득, 사업소득
기타 수익정보	보험(건강, 생명 등) 가입현황, 회사의 판공비, 투자 프로그램, 퇴직 프로그램, 휴가, 병가
신용정보	대부잔액 및 지불상황, 저당, 신용카드, 지불연기 및 미납액수, 임금압류 통보에 대한 기록
고용정보	현재의 고용주, 회사주소, 상급자의 이름, 직무수행평가기록, 훈련기록, 출석기록, 상벌기록, 성격 테스트 결과, 직무태도
법적 정보	전과기록, 자동차교통위반기록, 파산 및 담보기록, 구속기록, 이혼기록, 납세기록
의료정보	가족병력기록, 과거의 의료기록, 정신질환기록, 신체장애, 혈액형, IQ, 약물테스트 등 각종 신체테스트 정보
조직정보	노조가입, 종교단체가입, 정당가입, 클럽회원
통신정보	전자우편(e-mail), 전화통화 내용, 로그파일(log file), 쿠키(cookies)
위치정보	GPS나 휴대폰에 의한 개인의 위치정보
신체정보	지문, 홍채, DNA, 신장, 가슴둘레 등
습관 및 취미 정보	흡연, 음주량, 선호하는 스포츠 및 오락, 여가활동, 비디오 대여기록, 도박성향

출처: KISA 보호나라(www.118.or.kr)

<표 2-3> 영국의 개인데이터 유형

구분	개인데이터 유형
개인 속성 데이터	개인 속성에 관한 데이터로서 가장 협의의 개인데이터이다. 일반적으로 이름, 성별, 주소, 연령, 직업, 학력 등이 이에 해당한다.
자발적 데이터	개인에 의해 생성되고 명확하게 공유되는 데이터이다. 이것은 지식정보사회에서 인터넷과 스마트폰 등을 활용하여 개인이 정보공간에서 만들어내는 각종 데이터를 포괄한다. 예를 들어, SNS에 올린 자신의 신상이나 기분, 일상에 관한 글, 사진, 영상 등이 모두 이에 해당한다.
관찰된 데이터	개인의 기록되는 행위에 의해 포착된 데이터이다. 지식정보사회가 고도화됨에 따라 개인의 모든 행위가 관찰되고 기록된다. 예를 들어, 인터넷 사이트 접속기록이나 클릭기록, 거래기록 등뿐만 아니라 CCTV 등에 찍힌 기록도 포함된다.
추론된 데이터	가장 포괄적인 의미의 개인데이터로서 위의 개인데이터들을 분석하고 추론하여 만들어낸 데이터들이다. 예를 들어, 개인의 출신지역, 학교, 학력, 소득, 사이버상에 올린 글, 각종 활동 등을 종합하여 개인의 취향, 정치적 성향 등을 추론해 낼 수도 있고, 개인의 소비행태와 생활습관, 은행 거래기록 등을 토대로 개인의 신용점수를 추론할 수도 있다.

출처: WEF(2011: 5) 및 BIS(2012:5)

달로 급속히 증가하는 정보기술과 관련되거나 정보기술을 활용함으로써 파생되는 개인데이터가 주류를 이룬다. 셋째, 개인데이터의 규모가 매우 크고 증가속도 또한 매우 빠르다. 넷째, 개인이 자발적으로 생성하여 공개하고 공유하는 데이터까지 포괄하고 있어 프라이버시 보호의 대상인지에 대한 논란의 여지를 안고 있다.

(2) 개인데이터를 보유하는 주체는 누구인가?

일반적으로 개인데이터의 보유주체는 크게 정부 및 공공기관과 민간기업으로 구분할 수 있다. 이 중 우리나라에서 빅데이터 정책, 정부3.0 정책, 공공데이터 개방정책 등에서 활용에 초점을 맞추고 활성화를 위해 노력하고 있는 데이터는 정부와 공공기관이 보유한 공공데이터이다. 공공데이터를 민간에 개방하여 자유롭게 이용하도록 함으로써 혁신, 비즈니스 창출, 이윤 극대화 등을 추구하려는 것이다. 반면에 기업등 민간기관이 보유하고 있는 개인데이터에 대해서는 오남용이나 유출로 인한 사생활 침해를 방지하는 데 초점을 맞출 뿐 활용에 대해서는 적극적인 움직임이 없다. 민간기관은 자율적으로 활용할 대상이지 정부가 정책적으로 개방이나 공유를 통한 활용을 촉진할 대상은 아니라는 입장이다.

반면에 영국의 경우에는 공공기관이나 민간기관이 보유하고 있는 개인데이터 모두를 활용정책의 대상으로 보고 있다. 공공데이터 개방을 통해서 공공기관이 보유하고 있는 데이터들도 기업이나 개인들에 의해 적극적으로 활용되도록 할 뿐만 아니라, 민간기관이 보유하고 있는 개인데이터도 해당 개인에게 활용될 수 있도록 하는 정책을 추진하고 있다. 산업혁신·기술부는 공공데이터의 민간개방을 위해 데이터전략위원회(Data Strategy Board)를 구성하고 공공데이터 포털(data. gov. uk)을 운영하는 한편, 이를 민간영역으로까지 확대하여 민간기업이 보유하고 있는 개인데이터의 제공 및 활용을 위한 마이데이터 정책을 추진하고 있다. 따라서 영국은 공공기관이 보유한 개인데이터뿐만 아니라 민간기업이 보유한 개인데이터 활용까지 포괄하고 있다.

(3) 개인데이터를 활용하는 주체는 누구인가?

개인데이터의 활용주체는 정부 및 공공기관, 중소기업이나 대기업 등 민간기관, 그리고 개별 소비자나 고객으로서의 국민(end user) 등으로 나누어진다(WEF, 2011: 15). 이 중 우리나라에서 관심을 갖는 활용주체는 공공기관과 민간기관이다. 첫 번째, 공공기관에 의한 활용은 정부 3. 0 정책에서 추진하고 있는 맞춤형 서비스 제공이 핵심이다. 다양한 기관에 산재해 있는 개인데이터를 연계 및 통합하여 개인의 상황과 맥락에 맞는 보건·복지·고용·교육·재난·안전 등 다양한 서비스를 제공해 주기 위함이다. 두 번째 활용주체는 민간기관이다. 정부가 보유하고 있는 공공데이터를 민간에 개방하여 활용하도록 하는 것인데, 공공데이터 중 개인식별이 불가능한 개인데이터도 민간부문에 개방하여 다양한 비즈니스 모델 개발 및 가치창출에 활용하도록 하고 있다. 반면, 개인에 의한 개인데이터 활용은 매우 제한되어 있다. 정부 3.0 정책의 경우에는 국민들의 '알권리' 충족 차원에서 개인에게 공공데이터를 개방하도록 하는 소극적 입장에 머물러 있다. 특히 민간기관이 보유하고 있는 개인데이터를 해당 개인에게 공개하여 합리적인 소비활동에 활용하도록 하는 어떠한 조치나 정책도 취하고 있지 않다.

영국의 경우 개인데이터의 활용주체 중 하나로 해당 개인을 명확하게 규정하고 있다. 공공서비스 제공을 위한 공공기관의 개인데이터 활용, 비즈니스 창출을 위한 민간기관의 개인데이터 활용뿐만 아니라, 최종소비자이자 고객인 국민들도 자신의 데이터를 제공받아 활용하도록 규정하고 있는 것이다. 따라서 공공기관뿐만 아니라 민간기관이 보유하고 있는 개인데이터를 해당 개인에게 자발적이고 적극적으로 제공하여, 해당 개인이 합리적인 소비활동과 의사결정에 자신의 데이터를 활용하도록 하고 있다.

2) 개인데이터 활용정책 내용 비교

(1) 개인데이터를 활용하는 정책이 뚜렷한가?

우리나라에서 개인정보 보호 또는 개인데이터 보호에 관한 명시적인 법률·제도·정책이 다양한 것과 대조적으로, 개인데이터 활용에 관한 명시적인 정책을 찾기는 쉽지 않다. '정부 3.0 정책', '빅데이터 정책', '공공데이터 개방정책' 등에서 일부 내용이 산재해 있을 뿐이다. 그 내용도 원론적인 수준에서 개인데이터를 활용한 맞춤형 서비스 제공, 개인데이터를 포함한 빅데이터의 활용, 개인데이터를 포함한 공공데이터의 개방 등을 제시하고 있지만 공식적으로 어떠한 개인데이터를 어떻게 활용해야 하는가에 대한 세부 내용은 빠져 있다. 오히려 개인데이터를 어떻게 활용할 것인가보다 개인데이터 활용 과정에서 야기될 수 있는 개인정보침해를 방지하기 위한 '비식별화' 방안 등에 대한 정책적 관심이 활발하다.

반면, 영국은 공공데이터의 개방, 빅데이터의 활용 등과 별도로 명확하게 개인데이터 활용정책을 수립하여 시행하고 있다. 마이데이터 정책으로 불리는 개인데이터 활용정책은 2011년부터 추진하고 있는 소비자 권한 강화정책의 근간이 되는 정책이다. 영국 재무부와 산업혁신 · 기술부는 영국 경제의 성장계획 (Plan for Growth)[7]을 수립하였는데, 이 계획의 일환으로 소비자 권한 강화정책을 채택하였으며, 이 정책의 핵심 내용 중 하나가 '마이데이터'이다. 주요 내용은 그동안 기업이 보유하고 있던 개별 소비자들의 소비행태나 구매행태 등에 관한 데이터를 각 소비자에게 제공함으로써 그동안 기업들이 독점하고 있던 개인데이터 편중 문제를 해결하고, 소비자들이 과거에 비해 더욱 현명하고 똑똑한 의사결정과 행동을 하도록 하는 것이다.

(2) 개인데이터를 활용하는 정책의 목표는 무엇인가?

우리나라에서 개인데이터 활용정책을 공식적으로 표방하고 있지 않기 때문에, 정책의 비전과 목표를 제시하는 것은 쉽지 않지만 각 정책의 내용을 통해 유추가 가능하다. 정부 3.0 정책에서는 정부가 보유하고 있는 개인데이터를 활용하여 맞춤형 서비스를 제공함으로써 시민편의성과 이익을 증진하고 이를 통해 정부에 대한 시민들의 신뢰를 높이고자 한다. 공공데이터 개방정책은 식별될 수 없는 개인데이터를 민간에 개방하여 개인들의 알권리를 충족시키고 더 나아가 기업과 개인이 이를 활용하여 새로운 비즈니스 모델과 가치를 창출하도록 한다. 더 나아가 21세기의 데이터 경제 시대에 새로운 산업과 비즈니스 모델을 창출하기 위한 경제활성화와 경쟁력 강화라는 거시적인 목표까지도 설정

---

7 HM Treasury & Department for Business, Innovation & Skills (2011).

하고 있다. 빅데이터 정책도 식별될 수 없는 개인데이터를 분석하고 활용하여 다양한 경제적 이익을 창출하는 기회로 활용하고자 한다.

반면, 영국의 마이데이터 정책은 명확하게 비전과 목표를 제시하고 있다.[8] 첫째, 국가적 측면에서 마이데이터는 기업이 보유한 개인데이터를 개인에게 제공하여 현명한 소비자를 만들고, 현명한 소비자들을 향한 기업 간 가치와 서비스 경쟁을 촉진하고 혁신을 유도함으로써 지속가능한 경제성장을 독려한다(BIS, 2012). 둘째, 기업 측면에서 마이데이터는 기업이 보유한 개인데이터를 해당 개인에게 제공함으로써 기업과 소비자 간의 소통 개선과 신뢰 증진을 통해 새로운 비즈니스 기회를 창출하도록 한다(BIS, 2012). 셋째, 소비자 측면에서 마이데이터는 소비자들에게 자신들의 데이터에 안전하고 편리하게 접근하도록 함으로써 자신들의 기대와 욕구를 반영하는 의사결정을 하도록 한다. 또한 마이데이터에 의해 창출되는 새로운 서비스는 휴대폰 계약이나 에너지 요금제 선택 등 개인 소비활동에서 최선의 협상을 하도록 하며 삶을 더욱 효율적으로 관리하도록 한다.

(3) 개인데이터를 활용하는 정책의 주요 내용은 무엇인가?

우리나라는 개인데이터 활용정책의 핵심 내용도 명확하지는 않지만 정부3.0 정책[9]을 통해 비교적 구체적으로 유추해 볼 수 있다. 정부3.0 정책의 핵심 내용 중에는 공공데이터의 개방과 공유, 국민 개개인의 행복에 초점을 맞춘 맞춤형 서비스 제공 등이 포함되는데 이를 위해서는 정부가 보유하고 있는 개인데이터의 개방과 공유 그리고 활용이 필수적이다. 정부3.0의 핵심 전략과 주요 추진과제는 〈표 2-4〉와 같은데,

---

8 https://www.gov.uk/government/news/the-midata-vision-of-consumer-empowerment.

9 정부3.0이란 공공정보를 적극 개방·공유하고, 부처 간 칸막이를 없애 소통·협력함으로써 국정과제에 대한 추진동력을 확보하고 국민 맞춤형 서비스를 제공함과 동시에 일자리 창출과 창조경제를 지원하는 새로운 정부운영 패러다임이다(관계부처 합동, 2013).

〈표 2-4〉 정부 3.0의 핵심 전략과 주요 추진과제

핵심 전략	세부 추진과제
소통하는 투명한 정부	① 공공정보 적극 공개로 국민의 알권리 충족
	② 공공데이터의 민간 활용 활성화
	③ 민관 협치 강화
일 잘하는 유능한 정부	④ 정부 내 칸막이 해소
	⑤ 협업/소통 지원을 위한 정부운영 시스템 개선
	⑥ 빅데이터를 활용한 과학적 행정 구현
국민 중심의 서비스 정부	⑦ 수요자 맞춤형 서비스 통합 제공
	⑧ 창업 및 기업활동 원스톱 지원 강화
	⑨ 정보 취약계층의 서비스 접근성 제고
	⑩ 새로운 정보기술을 활용한 맞춤형 서비스 창출

출처: 관계부처 합동(2013: 2)

'소통하는 투명한 정부' 전략에서 공공정보의 적극 공개와 공공데이터의 민간 활용 활성화가 개인데이터 개방 및 활용과 관련이 있고, '일 잘하는 유능한 정부' 중 빅데이터를 활용한 과학적 행정, 그리고 '국민 중심의 서비스 정부' 중 수요자 맞춤형 서비스 통합 제공 등도 개인데이터 활용과 밀접한 관련을 갖는다(〈표 2-4〉에서 진하게 표시된 내용 참조). 그 밖에도 정부 3.0의 세부 추진과제들 중 상당수가 개인정보 활용과 관련 있다고 할 수 있다.

정부 3.0 정책에 포함된 개인데이터 활용의 내용을 좀더 구체적으로 살펴보면 첫 번째 핵심 전략인 '소통하는 투명한 정부'에서 첫 번째 과제인 '공공정보 적극적 공개로 국민의 알권리 충족'에서 공개대상 정보에 개인정보도 포함될 수 있다. 다만 국민 개개인이 식별되어 사생활이나 경제적 손실을 유발할 수 있는 개인정보는 개별 당사자에게만 공개되어야 하며, 개인정보를 가공하고 처리하여 개개인을 식별할 수 없는 경우에는 전 국민에게 적극적으로 공개하는 것을 원칙으로 한다. 두 번째 과제인 '공공데이터의 민간 활용 활성화'는 미국이나 영국 등과 같이 민간수요가 매우 많고 부가가치 창출가능성이 높은 공공정보를 민간에게

적극적으로 개방하는 것이다. 주요 대상은 교육·복지·재정·지리·교통정보 등의 공공데이터이지만, 국민 개개인에 대하여 수집해 놓은 각종 개인데이터도 개인식별정보를 삭제한 후에는 민간부문에 제공하는 것이 가능하다.

두 번째 핵심 전략인 '일 잘하는 유능한 정부'에서 세부과제인 '빅데이터를 활용한 과학적 행정 구현'은 개인데이터 활용이 필수적이다. 먼저, 국가미래전략 수립을 위해서는 개인정보를 포함한 빅데이터 분석을 통해 미래 트렌드를 파악하고 국가적 과제를 발굴하여 미래 비전을 수립하는 것이 필요하다. 또한 데이터 기반 과학적 정책수립을 지원하기 위해서도 정부와 민간부문에서 보유하고 있는 다양한 개인 빅데이터를 구체적으로 분석하여 문제를 파악하고 대안을 탐색하며 도출하는데 활용해야 한다.

세 번째 전략인 '국민 중심의 서비스 정부'에서도 개인정보 및 데이터의 활용은 필수적이다. 특히 '수요자 맞춤형 서비스 통합 제공'을 위해서는 개별 수요자의 개인데이터가 광범위하게 수집·분석·활용되어야 한다. 먼저, 생애주기별 맞춤형 서비스 제공을 위해서는 국민 개개인의 생애주기별 데이터가 수집되고 활용되어야 한다. 출생, 취학, 병역, 이사 등의 개인데이터가 활용되지 않고는 맞춤형 서비스 제공이 불가능하다. 개인유형별 맞춤형 서비스 제공을 위해서도 개인데이터 활용이 필수적이다. 각종 행정 서비스를 수혜자 유형별로 재분류한 '행정 서비스맵'을 제작·활용함으로써 장애인, 노인 등 취약계층에 대하여 맞춤형 일괄 서비스를 제공하는 것이다. 민원24, 정부대표포털 등을 통한 통합생활민원 정보 제공에서도 개인데이터 활용이 필수적이다. 국민생활과 밀접한 건강검진일, 운전면허갱신일 등 생활민원 정보를 통합적으로 제공하기 위해서는 개개인에 관한 정확한 데이터가 기반이 되어야 하기 때문이다. 시스템 연계·통합을 통한 국민 불편사항 해소 추진을 위해서도 개인데이터 활용이 필수적이다. 예를 들어, 재난피해

주민에게 세제 지원, 전기·통신료 감면 등의 혜택을 통합적으로 제공하기 위해서는 국민 개개인에 관한 복지정보, 통신정보, 전기정보, 교육정보, 주민정보 등이 연계·활용되어야 한다. 정보취약계층의 서비스 접근성 제고를 위해서도 개인데이터 활용이 필수적이다. 취약계층에 대한 복지 서비스 확대를 위해서는 집배원 등을 통해 취약계층의 생활상태, 불편사항 등을 수집하고 활용하는 것이 필요하다. 첨단 IT기술을 활용한 맞춤형 서비스 창출을 위해서도 복지 서비스 대상인 농어민, 장애인, 노인, 여성, 청소년 등에 대한 개인데이터의 수집과 활용이 전제되어야 한다.

영국의 개인데이터 활용정책은 마이데이터 헌장(Midata Charter)[10]과 소비자 데이터 원칙(Consumer Data Principles)[11]에 잘 나타나 있다. 특히 마이데이터 헌장은 소비자 데이터를 수집하고 저장하며 활용하는 조직들이 준수하고 지향해야 하는 공통접근법과 원칙을 제시하고 있다.

첫째, 소비자 데이터 권한 강화(consumer data empowerment)이다. 더욱 현명한 판단과 나은 의사결정을 하도록 소비자들에게 자신의 데이터에 접근하고 활용하는 능력을 제공하는 것이다. 여기에는 기업들이 수집한 거래, 상호작용, 활용행태 등에 관한 데이터가 모두 포함된다. 둘째, 소비자 데이터 투명성(consumer data transparency)이다. 기업이 보유하고 있는 개인데이터의 정확성과 최신성을 유지하여 소비자들이 이용할 수 있도록 한다. 셋째, 소비자 데이터 접근성(consumer data access)이다. 소비자 데이터가 안전하고 휴대가능하며 재활용가능한 방식으로 소비자들에게 제공될 수 있도록 개발하고 지원한다. 넷째, 소비자 데이터 보안(consumer data security)으로, 데이터 파괴나 프라이버시 침해의

---

10 http://news. bis. gov. uk/content/detail. aspx?NewsAreaId=2&ReleaseID=421869& SubjectId=2.

11 http://news. bis. gov. uk/content/detail. aspx?NewsAreaId=2&ReleaseID=421869& SubjectId=2.

위험을 최소화한다. 이것은 모든 개인데이터가 안전하고 무사하게 접근·전달·보유·활용·갱신·공유되도록 보장하는 것을 포함한다. 또한 개인이 이해가능하고 신뢰할 수 있는 방식으로 자신의 데이터에 접근하고 이를 활용하고 공유하도록 보장하는 개인데이터 프레임워크를 창출한다. 그리고 이것은 소비자들이 자신들의 목적에 맞게 자신들의 데이터를 이용하여 자신들의 이익을 지키고 강화하는 것이다. 다섯째, 소비자 데이터 혁신(consumer data innovation)이다. 마이데이터는 새로운 소비자 정보 서비스 혁신을 위한 플랫폼을 창출한다. 이러한 새로운 시장과 소비자 편익 및 상업적 편익을 개척하고 전달하도록 노력하는 것이 필요하다.

(4) 개인데이터를 활용하는 정책은 어떻게 추진되는가?

우리나라는 전통적으로 정부 주도의 정책 추진방식을 채택해 왔다. 개인데이터 활용정책도 마찬가지다. 정부 3.0 정책도 행정자치부가 중심이 되어 부처 간 칸막이를 없애고 개방과 공유를 통한 소통과 협력을 지향하고 있지만, 근본적으로는 정부 주도이며 민간의 참여나 민간과의 협력은 사실상 포함하고 있지 않다. 물론 정부 3.0의 추진을 위해서 다양한 하위 분야별로 워킹그룹을 형성하여 시행방안을 마련하고 있고, 이러한 워킹그룹에는 기업이나 학계 등 민간 분야의 전문가들이 다수 포함되어 있다. 그러나 민간의 의견을 수렴하는 정도에 그치며, 민간부문을 정책의 파트너나 주체로 참여시키는 데까지는 이르지 못하고 있다. 공공데이터의 개방정책도 정부가 나서서 민간부문의 산업 활성화를 위해 정부 및 공공기관이 보유한 데이터를 개방하고자 하는 것으로서, 정부 주도의 정책이다. 물론 민간부문의 의견을 수렴하여 데이터 개방의 범위와 내용을 결정하기 위해 '국가 오픈데이터 포럼'을 결성하여 운영하고 있지만 민간부문의 다양한 의견수렴을 위한 노력일 뿐 정책의 주체로 참여시키고 있지는 않다. 빅데이터 정책도 행정자치부,

미래창조과학부, 산업통상자원부, 방송통신위원회, 국가과학기술위원회 등 5개 부처가 합동으로 계획을 수립하여 시행하고 있는데, 여기에도 민간 분야의 의견수렴을 위한 방안은 있지만 파트너십을 통한 정책참여는 제한되어 있다.

반면에 마이데이터 정책은 영국정부의 산업혁신·기술부가 주도하고 있지만, 정부가 모든 것을 이끌어가는 방식이 아니라 개인데이터의 개방과 활용을 촉진하기 위한 여건을 조성하고 기업들의 활동을 돕는데에 치중하고 있다. 정부의 역할은 마이데이터 정책에 대한 비전을 설정하고, 소비자와 기업의 관심을 창출하며, 시장이 효과적이고 안전한 방식으로 작동하도록 돕는 것이다. 마이데이터 정책의 성공을 위해서는 개인데이터를 보유하고 있는 기업과 소비자 간의 정보교환 과정에서 신뢰를 형성하는 것이 매우 중요하다. 이와 관련하여 정부는 기업과 개

〈표 2-5〉 마이데이터 정책의 참여기관 현황

구분	참여기관
주관부처	· Department for Business, Innovation & Skills
규제기관	· Information Commissioner's Office · OfCom · OfGem
민간기업	· AMEE/Avoco Secure · Billmonitor/British Gas · Callcredit/EDF Energy · E.ON/Garlik · Google/Lloyds Banking Group · MasterCard/Moneysupermarket.com · Mydex/Npower · RBS/Scottish Power · Scottish Southern Energy/The UK Cards Association · Three/Visa
소비자 단체	· Citizens Advice · Communications Consumer Panel · Consumer Focus

출처: https://www.gov.uk/government/news/the-midata-vision-of-consumer-empowerment.

인 사이에 교환되는 어떠한 데이터도 보거나 다루지 않으며, 개인데이터에 대한 접근 장애를 제거하고, 특히 취약한 소비자들의 접근에 대한 장애를 제거하며 원하는 모든 소비자가 개인데이터를 활용하고 혜택을 누릴 수 있도록 보장하는 데 초점을 맞춘다. 또한 마이데이터 정책은 중소기업에게 부담을 지우거나 고통을 가하기 위한 프로그램도 아니므로 참여를 희망하는 중소기업을 지원하는 것도 정부의 중요한 역할이다.

2012년 마이데이터 정책에는 총 26개의 기관이 파트너십을 체결하여 참여했다. 주관 기관은 영국정부의 산업혁신・기술부이고 여기에 규제기관으로서 Information Commissioner's Office, OfCom, OfGem이 참여했으며 Google, British Gas 등 총 20개의 민간기업과 Citizens Advice 등 소비자 단체도 참여하였다.

(5) 개인데이터를 활용하는 정책에 어떻게 접근하는가?

우리나라의 개인데이터 개방과 공유를 통한 활용정책은 주로 공공기관이 보유한 개인데이터를 공공기관이 활용하거나 민간에 개방하여 일반시민들과 기업들이 활용하는 것을 목적으로 한다. 여기에서 핵심은 어떻게 활용할 것인가가 아니라 활용을 위해서 공공이 보유한 개인데이터를 어떻게 개방하고 공유할 것인가이다. 결국 정책의 핵심 대상이자 주체는 정부와 공공기관이다. 정부와 공공기관을 움직여 보유하고 있는 개인데이터를 개방하고 공유하도록 하는 것이 관건이며, 개방되고 공유된 개인데이터를 어떻게 활용하는가는 개인과 기업의 자율에 맡긴다. 물론 정부 및 공공기관 간에는 개인데이터 공유를 통한 맞춤형 민원 서비스 제공이나 국민들의 보건, 의료, 복지, 안전, 교육 등을 위한 과학적 행정을 구현하도록 어느 정도 강제하고 있다. 따라서 우리나라의 개인데이터 활용정책은 기본적으로 정부 및 공공기관 간에는 개인데이터의 개방과 공유를 위한 규제적 접근법을 취하고 있지만, 민간분야의 개인이나 기업에 대해서는 개인데이터 활용을 위한 여건을 조성해 주는 데 그치고 있다고 할 수 있다.

　반면에 영국의 소비자 권한 강화정책과 그 속에 포함된 마이데이터 정책은 기업이 보유한 개인데이터를 소비자나 고객들에게 개방하고 공유하도록 한다는 측면에서 본질적으로 기업을 대상으로 하는 정책이다. 그럼에도 불구하고 비규제적이고 비강제적인 접근법에 따라 목표를 달성하려고 한다. 기업과 소비자 단체와 정부가 협력적 파트너십을 체결하고, 자발적인 협력을 통해 개인데이터의 제공과 활용을 촉진하려는 것이다. 따라서 마이데이터 정책은 소비자 보호를 위한 규제 중심의 전통적 접근법과는 근본적으로 다르다. 새로운 입법 프로그램을 설정하지도 않고, 새로운 규제를 설정하지도 않기 때문이다. 그보다는 소비자들의 권한을 강화하고 소비자들의 이익을 보장하기 위해 참여자들 간의 토론과 환류를 주요 방법으로 채택한다. 즉, 정부가 기업을 직접적으로 규제하기보다는 기업이 갖고 있는 개인데이터를 개인에게 제공하도록 함으로써 더욱 자신감 있고 현명하며 강력한 소비자를 고객으로 확보하도록 하고, 소비자들이 이를 바탕으로 보다 현명한 판단과 행동을 하도록 함으로써 기업혁신과 경제성장을 도모하려는 것이다. 따라서 마이데이터 정책의 가장 큰 특징은 민간기업 등의 자발적 참여로 이루어진다는 점이다. 여기에 참여하는 집단들은 개인데이터를 개방적이고 재사용가능한 형태로 공개하는 자기규제적·자발적 협약에 따라 행동한다. 4개월에 한 번씩 진행상황을 점검하며, 공식적으로 1년에 한 번씩 진행상황을 평가한다. 참여 기업과 기관들은 4개월마다 이루어지는 진행상황을 점검하는 과정에 참여하게 된다.[12]

---

12 그러나 마이데이터 정책이 완전히 자발적 접근법에만 의존하는 것은 아니다. 소비자의 권한과 이익을 보호하기 위한 기존의 규제들은 여전히 유효하다. 또한 영국정부가 기업이 보유한 개인데이터의 자발적 제공을 유도하지만 이것이 제대로 이루어지지 않을 때는 일정한 강제적 조치를 취하려는 계획도 가지고 있다. 공개적인 자문을 통해 2012년 11월에 법안을 만들어, 만약 기업이 자발적으로 개인데이터를 전자적 형태로 제공하지 않으면 법으로 이를 강제하도록 하려는 계획을 수립했다. 이 조치는 의회에서 기업 및 규제개혁법이 통과되

(6) 개인데이터를 활용하는 정책이 타 정책과 어떤 관련성이 있는가?

우리나라에서 개인데이터 활용정책이 어떤 정책들과 관련되어 있는지를 명시적으로 파악하는 것은 쉽지 않다. 개인데이터 활용정책 자체가 명시적으로 제시되어 있지 않기 때문이다. 그러나 정부 3.0 정책, 공공데이터 개방정책, 빅데이터 정책 등에 포함된 개인데이터 활용은 다음과 같은 정책들과 관련이 있는 것으로 추정할 수 있다. 먼저, 정부 3.0 정책은 정부생산성과 경쟁력 제고, 대국민 서비스 제고 등 정부혁신 정책이라 할 수 있다. 공공데이터 개방정책과 빅데이터 정책은 21세기의 첨단 산업이자 새롭게 부상하는 데이터 산업, IT 산업 등을 활성화한다는 측면에서 경제활성화 정책이고, 더 나아가서는 기업경쟁력이나 국가경쟁력을 강화하는 정책의 일부라고도 할 수 있다. 또한 공공데이터 개방정책은 국민의 알권리 신장이라는 목표를 가지고 있으므로 국민의 권익이나 권한 강화정책과도 일부 관련이 있다고 할 수 있다.

반면에 영국의 마이데이터 정책은 영국정부가 추진하는 다양한 정책과 직접적으로 밀접한 관련을 갖고 있다. 첫째, 앞서 살펴본 바와 같이 마이데이터 정책은 소비자 권한 강화정책의 일부로 시행되고 있다. 둘째, 마이데이터 정책은 기업경쟁력 강화정책과도 밀접한 관련을 갖는다. 마이데이터 정책으로 이성적이고 합리적이며 현명한 소비자들이 증가함에 따라 이들의 욕구를 가장 잘 충족시켜 주는 기업만이 생존할 수 있게 된다. 결국 끊임없이 변화하고 혁신하여 소비자들의 기대와 욕구를 충족시키는 기업들이 시장에서 경쟁을 이기고 살아남게 되며, 이는 결국 기업과 산업의 경쟁력 제고로 이어진다는 것이다. 셋째, 따라서 마이데이터 정책은 영국의 경제성장 정책과 국가경쟁력 강화정책의 핵심이 된다. 마이데이터 정책을 통해 소비자의 기대와 욕구를 충족시키는 경쟁력 있는 기업들을 많이 만들어냄으로써 결국은 영국정부의 산

면서 승인되었다.

업경쟁력이 증가하고, 이는 경제성장과 국가경쟁력 강화로 연결되기 때문이다. 넷째, 마이데이터 정책은 영국정부가 추진하고 있는 데이터 개방정책과도 관련된다. 그동안 데이터 개방정책은 정부와 공공기관이 보유하고 있던 공공데이터를 민간에 개방하는 데 초점을 맞추었다. 그러나 마이데이터 정책을 계기로 공공데이터의 민간개방뿐만 아니라 민간기업이 보유하고 있는 민간데이터도 개방하도록 함으로써 데이터 개방정책의 범위를 공공부문에서 민간부문으로까지 확대한 것이다. 다섯째, 마이데이터 정책은 영국정부의 투명성 정책과도 연관된다. 그동안 '투명성'의 개념은 주로 정부와 공공기관에 적용되는 개념이었다. 그러나 민간기업들도 소비자 데이터를 공개하도록 함으로써 투명성의 개념을 공공영역에서 민간영역으로까지 확대한 것이다. 즉, 정부투명성뿐만 아니라 기업투명성의 증대를 통해, 정부와 시민 간의 신뢰뿐만 아니라 기업과 소비자 간의 신뢰를 제고하는 목적도 함께 갖는다. 여섯째, 이 밖에도 마이데이터 정책은 정부에서 추진하는 다양한 정책들과 관련된다. 예를 들어, 전력회사에서 각 개인의 전기소비량, 전기소비패턴 등에 관한 데이터를 각 개인에게 알려줌으로써, 개인들이 전기를 더욱

〈그림 2-1〉 마이데이터 정책과 타 정책 간의 관계

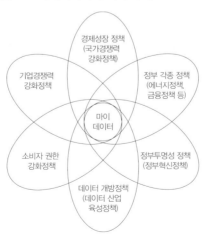

합리적인 방법으로 쓰도록 유도할 수 있다. 이는 결국 에너지 절감, 에너지 수급 등 에너지정책과 밀접한 관련을 갖는다. 이 밖에도 통신정책, 금융정책, 의료정책 등과도 밀접한 관련을 갖는다고 할 수 있다(〈그림 2-1〉 참조).

3) 개인데이터 활용정책 비교의 결과

우리나라는 개인데이터 활용과 보호 사이의 관계를 상쇄관계로 인식한다. 그동안 개인정보침해 사고의 대다수가 정부 및 공공기관 그리고 민간기업이 보유하고 있던 개인정보의 유출이나 오남용에서 비롯되었기 때문에 향후 개인데이터의 활용을 촉진할 경우 공공기관이나 민간기업에 의한 의도적·비의도적인 개인정보 유출이나 오남용이 증가할 수밖에 없다는 것이다. 따라서 기본적으로 개인정보 및 데이터의 보호를 전제로 활용에 접근하는 소극적인 방식을 취했다. 따라서 더욱 적극적으로 개인정보 및 데이터의 활용을 위한 정책을 펴는 데는 한계가 있다.

그러나 영국의 경우 우리나라보다 훨씬 더 적극적으로 개인데이터 활용정책을 펼치고 있는데, 그 이유는 마이데이터 정책이 개인정보침해와 관련성이 상대적으로 낮기 때문인데, 기업이 보유하고 있는 개인데이터를 해당 개인에게 제공하도록 유도하여 개인이 자기 데이터를 활용하도록 하는 것이 정책의 핵심 내용이다. 즉, 기업이 보유하고 있는 개인데이터를 본래 주인에게 제공하여 합리적인 의사결정과 행동을 하도록 한다. 물론, 영국도 공공데이터 개방정책에서 데이터 개방과 프라이버시 보호 사이의 균형에 대해서 주의를 기울이고 있다. 또한 마이데이터 정책에서도 기업들이 해당 개인에게 개인데이터를 제공하는 과정에서 보안상의 문제로 데이터가 유출되는 등의 침해가능성을 주목하고 있다. 그러나 마이데이터 정책은 다른 공공데이터 개방정책이나 개인데이터 활용정책과 비교하여 프라이버시 침해 논란이 상대적으로 적다는 것은 분명하다.

　이상의 내용을 바탕으로 우리나라와 비교한 영국의 마이데이터 정책이 우리에게 던지는 메시지는 다음과 같다. 가장 근본적인 차이점은 우리나라와 영국의 개인데이터 정책의 범주이다. 현재까지 우리나라 데이터 정책의 대상은 주로 공공기관이 보유한 공공데이터이다. 이를 개방하고 공개하여 활용을 촉진하자는 것이며, 여기에 비식별 개인데이터도 포함하는 것을 전제로 한다. 그러나 영국의 데이터 정책은 공공기관뿐만 아니라 민간기업까지 포괄하고 있다. 공공기관에 대해서는 우리나라와 같이 공공데이터 개방정책을 펴고 있으며, 민간기업에 대해서는 이 장에서 다루고 있는 마이데이터 정책을 펴고 있다.

　또한 영국은 개인데이터의 활용주체로 데이터의 주인인 개인을 설정하고 있다는 점에서 우리나라보다 진일보했다고 할 수 있다. 우리나라가 여전히 개인을 데이터 수집대상이자 오남용·유출로부터 보호하기 위한 존재로 인식하는 것과는 대조적이다. 이것은 우리나라가 데이터 경제 시대의 핵심 주체로 정부와 기업에 주로 초점을 맞추는 것과 달리, 영국은 개인까지 포함하고 있다는 것이다. 또한 영국은 데이터 정책에서 가장 민감하고 논란이 많은 개인데이터를 개인 자신이 활용하도록 하는 정책을 추진함으로써 프라이버시 침해 논란에서 벗어날 수 있으며, 정부와 기업의 투명성 향상과 신뢰성 제고라는 효과까지도 추구하고 있다는 점에 주목할 필요가 있다.

　개인데이터의 내용과 성격에서도 차이를 보인다. 빅데이터 시대의 핵심 데이터가 개인데이터이며 그중에서도 비정형적인 소셜 개인데이터가 가장 큰 비중을 차지함에도 불구하고 우리나라는 여전히 정형적이고 정태적인 개인 속성 데이터에 중점을 두고 있다는 점이다. 영국은 개인들이 각종 정보통신기기에 의해 감지되고 포착되는 관찰데이터뿐만 아니라 개인이 자발적으로 공개하고 공유하는 비정형 소셜 데이터 그리고 이것을 모두 모아 개인을 식별하는 추론데이터까지 포괄하는 것과는 대조적이다.

데이터 정책에 대한 접근법에도 유의할 필요가 있다. 우리나라가 과거의 전통을 버리지 못하고 여전히 정부 주도형 접근법을 채택하고 있는 반면에, 영국은 정부와 민간기업과 시민단체들 간의 자발적인 협약과 파트너십에 의한 거버넌스적 접근법을 채택하고 있다. 특히 정부가 민간기업이 보유한 개인데이터 개방과 활용을 촉진하기 위해서 데이터 보유주체인 기업, 활용주체인 개인(소비자 단체)과 협약을 체결하고, 대화와 토론을 통해 합의를 도출하며 정책을 추진해 나간다는 점에 주목할 필요가 있다. 비규제적이고 비강제적이며 자율적이고 자발적인 거버넌스적 접근법이라 할 수 있다.

또한 우리나라의 데이터 정책이 주로 정부경쟁력 제고와 기업 및 산업활성화 등 경제적 효율성 관점에서 추진되고 있다면, 영국의 마이데이터 정책은 그 기반을 소비자 권한 강화와 기업경쟁력 제고 및 경제성장 등 경제정책에 두고, 더 나아가 기업과 정부의 투명성과 개방성 증진을 통한 신뢰 제고까지 추구하고 있다는 점에서 대조를 이룬다.

5. 나가며

인류문명의 발달 과정을 보면 시대마다 핵심적인 자원을 누가 차지하고 어떻게 활용하느냐에 따라 명암이 갈렸다. 현대문명의 최첨단 단계에 도달해 있는 현재 시점에서 가장 핵심적인 자원 중 하나는 무한한 잠재가치를 지닌 '데이터'이다. 산업화 시대의 '원유' 못지않은 가치를 지닌 데이터를 누가 차지하고 어떻게 활용하느냐에 따라 개인은 물론이고 기업과 국가의 경쟁력과 생존까지도 좌우될 수 있다. 데이터 중에서도 규모가 가장 크고 증가속도가 가장 빠른 데이터가 개인데이터이다. 특히 스마트폰 등 정보기기의 광범위한 보급과 활용으로 개인데이터의 생산 및 축적 속도는 우리의 상상을 초월하는 '빅데이터'가 되고 있으며, 여기에는 무한한 잠재가치가 내재해 있다.

과거 개인데이터가 정태적이고 정형적인 속성 데이터 중심으로 되어 있을 때에는 개인데이터를 가장 많이 보유하고 있는 조직이 정부와 공공기관이었다. 그러나 개인데이터의 범주가 개인이 인터넷이나 스마트 장치를 이용하여 자발적으로 만들고 공개하는 수많은 비정형적·비정태적 데이터뿐만 아니라 유비쿼터스 시대의 도래와 함께 개인의 일거수일투족이 감지되고 기록되는 관찰데이터, 그리고 이러한 다양한 데이터를 종합하여 개인의 행태와 생활양식은 물론 사고와 감정, 이념까지도 유추해내는 추론데이터까지 광범위해지면서 개인데이터를 가장 많이 보유하고 있는 기관은 민간기업이 되고 있다. 구글이나 아마존, 페이스북이나 트위터 등에 날마다 쌓이는 데이터를 상상하면 쉽게 이해할 수 있다. 정부는 보유하고 있는 공공데이터를 개방하여 민간부문의 비즈니스 창출을 촉진하려 노력하고 있다. 그러나 기업들은 그 속성상 이윤추구를 위해 주요 자원을 독점하려는 성향을 갖고 있어 보유하고 있는 개인데이터를 쉽게 개방하고 공유하려 하지 않는다.

이러한 상황에서 영국의 마이데이터 정책은 우리에게 개인데이터를 어떻게 생산적으로 활용할 수 있는지에 관한 귀중한 아이디어를 제공한다. 그동안 우리 정부는 공공부문이 보유한 데이터의 정부 간 개방과 공유, 그리고 민간부문으로의 개방과 공유에만 초점을 맞춰 왔다. 그러나 민간기업이 보유한 개인데이터의 개방과 공유에 대해서는 관심을 갖지 않거나 내버려두었다. 또한 공공데이터 개방정책에서도 특히 개인데이터는 프라이버시 침해와 상충관계로 인식하여 개방 및 공유에 신중을 기하다 못해 소극적이거나 회피하려는 성향도 보였다. 그러나 영국의 마이데이터 정책은 기업이 보유한 개인데이터를 적극적으로 공개하도록 유도하면서도 민감한 이슈인 프라이버시 보호문제도 극복하는 방안을 제시하였다. 그것은 기업이 보유한 개인데이터를 본래 주인인 해당 개인에게 공개하도록 함으로써 프라이버시 침해문제를 야기하지 않고, 기업의 투명성과 신뢰성을 증가하며, 소비자들의 합리적인 판단과 선택을 촉진하게 하기 때문이다. 또한 정책의 접근방식이나 추진방식도 민간기업을 대상으로 하지만, 정부 주도적이고 규제적인 접근법보다는 거버넌스적이고 자발적인 참여를 유도하는 방식을 채택하고 있다는 점에도 주목할 필요가 있다.

우리나라도 민간기업들이 보유하고 있는 막대한 개인데이터를 더는 해당 기업의 독점상태로 두는 것은 바람직하지 않다. 영국과 마찬가지로 정부는 기업들과 거버넌스 체계를 구축하여 기업들이 보유하고 있는 개인데이터를 해당 개인들에게 자발적으로 공개할 수 있는 정책방안을 만들어야 할 것이다. 이를 위해서는 개인데이터의 범위를 포괄적으로 재규정하고, 개인데이터의 활용주체도 정부와 기업뿐만 아니라 데이터의 주인인 개인으로까지 확대해야 할 것이다. 또한 기업의 참여를 유도할 수 있는 유인체계를 만들어야 하며, 기업과 정부 간 협력적 파트너십과 거버넌스적 추진체계도 구축해야 할 것이다. 그리고 보호 중심의 개인데이터 관련법과 제도의 정비도 뒤따라야 할 것이다.[13]

이렇듯 개인데이터의 적극적인 활용을 위해서는 정부의 제도 및 정책의 변화 못지않게 중요한 이해당사자인 시민단체의 인식 전환도 필요할 것이다. 그동안 시민단체는 정보의 활용보다는 그로 인한 역기능의 폐해에 더 주목했는데, 이제는 시민 개개인의 자기정보 활용의 중요성을 새롭게 인식할 필요성이 있을 것이다.

---

13 우리나라 정부는 최근 개인정보보호와 빅데이터의 활용을 균형적으로 추구하는 방향으로 개인정보 관련법이나 제도의 개선방안 도출을 위해 노력하고 있다(행정자치부 보도자료, 2015. 9. 3).

참고문헌

교육과학기술부 외(2012), 스마트 국가 구현을 위한 빅데이터 마스터플랜.

관계부처 합동(2013), 정부 3.0 추진 기본계획.

김기환(2013), 공공부문 빅데이터의 활용성과 위험성, 〈정책분석평가학회보〉, 23(2), 1~27.

김기환·윤상오(2015), 개인정보는 보호만 할 것인가?, 외국의 개인정보 활용정책 비교, 〈한국지역정보화학회지〉, 18(3), 65~93.

보건복지가족부(2010), 사회복지통합관리망 구축현황 및 추진계획.

보건복지부 보도자료(2013. 2. 8), 맞춤형 복지 구현을 위한 사회보장정보시스템 개통.

서울대학교(2009), 유비쿼터스 환경에서의 개인정보 활용 및 보호방안 연구, 한국인터넷진흥원.

손규식(2008), 《U-사회와 프라이버시》, 조명문화사.

안전행정부 보도자료(2013. 9. 17), 공공정보 개방·공유로 일상생활이 더 편리해집니다.

이민영(2006), 차세대 전자정부의 개인정보보호정책방향, 〈정보통신정책〉, 18(3), 17~40.

채승병(2011), 정보홍수 속에서 금맥찾기, '빅데이터(Big Data)' 분석과 활용, 삼성경제연구소 편, 《SERI 경영노트》, 삼성경제연구소.

채승병·박성민(2013), 스마트 뉴딜(New Deal), 공공데이터 개방과 기업의 활용, 삼성경제연구소 CEO Information.

Bell, T. (2011), *Big Data, An Opportunity in Search of Metaphor*, Radar: Insight, Analysis, and Research About Emerging Technologies.

BIS(2012), Midata Company Briefing Pack.

_____(2014), Review of the Midata Voluntary Programme.

BIS & Cabinet Office(2011), Better Choices, Better Deals-Consumers Powering Growth.

Chen, Y. C. & Hsieh, T. C. (2014), Big Data for Digital Government, Opportunities, Challenges, and Strategies, *International Journal of Public Administration in the Digital Age*, 1(1), 1~14.

Clasen, J. (2004), Defining Comparative Social Policy, *A Handbook of Com-*

parative Social Policy, Edward Elgar Publishing.

EU (1995), Directive 95/46/EC on the Protection of Individuals with Regard to the Processing of Personal Data and on the Free Movement of Such Data.

Executive Office of the President National Science and Technology Council (2014), Big Data and Privacy, A Technological Perspective.

Gartner (2011), How to Plan, Participate and Prosper in the Data Economy.

IDC (2014), IDC Future Scape, Worldwide Big Data and Analytics 2015 Predictions.

MIT (2015), Big Data Gets Personal, *MIT Technology Review*, https://www. technologyreview. com.

OECD (1980), OECD Guidelines on the Protection of Privacy and Transborder Flows of Personal Data.

_____ (2013), OECD Guidelines on the Protection of Privacy and Transborder Flows of Personal Data.

Packard, V. & Perlstein, R. (2014), *The Naked Society*, IG Publishing.

Podesta, J. (2014), *Big Data and the Future of Privacy*, https://www. white-house. gov/blog/2014/01/23/big-data-and-future-privacy.

WEF (2011), Personal Data, The Emergence of A New Asset Class.

_____ (2013), Unlocking the Value of Personal Data, From Collection to Usage.

_____ (2014), Rethinking Personal Data, A New Lens for Strengthening Trust.

2부

빅데이터와 정부신뢰

03

사회조사로 본 위험인식과 정부신뢰의 중요성*

강윤재 · 정서화 · 조현석**

1. 서론

한국사회에서 위험은 점차 일상화되고 있다. 위험사건이 일상적으로 발생하고, 위험을 둘러싼 사회적 갈등은 더욱 커지는 양상이다.[1] Beck (1997; 2010)은 위험사회 (*risk society*) 담론을 통해 위험의 일상화가 역설적이지만 근대화의 놀라운 성공에 따른 결과라고 주장했다. 물론 한국사회도 이런 역설의 예외가 아니다. 오히려 한국은 단기간에 압축적인 성장을 한 만큼 위험사건 또한 충격적인 방식으로 발생하고 있

* 이 장은 〈한국거버넌스학회보〉 (2016년 제23권 1호) 에 실린 강윤재 · 정서화 · 조현석 논문 [한국사회에서 정부신뢰가 위험인식에 미치는 영향에 대한 실증 연구: '한국종합사회조사 (KGSS) 2013'을 바탕으로] 을 기초로 한 것이다.
《한국종합사회조사 (KGSS) 2013》의 자료 사용을 허락해주신 성균관대학교 사회학과 김상욱 교수께 감사드린다.
** 강윤재: 동국대학교 다르마칼리지 조교수, 제1저자
   정서화: 과학기술연구원 연구원, 제2저자
   조현석: 서울과학기술대학교 행정학과 교수, 교신저자

1 21세기 들어 한국에서 발생한 대표적인 위험사건으로는 대구지하철참사 (2003), 만두 파동 (2004), 허베이 스피릿호 기름유출사고 (2007), 미국산 수입 소고기에 따른 광우병 파동 (2008), 구제역 사태 (2010), 후쿠시마 원전사고에 따른 원전파동 (2011), 구미 불산 누출사고 (2012), 세월호 사건 (2014), 메르스 사태 (2015) 등을 꼽을 수 있다.

다. 1990년대 중반에 발생한 성수대교 붕괴와 삼풍백화점 붕괴를 비롯한 일련의 대형참사 이후, 정부는 안전관리체계의 선진화와 전문화를 위해 관련법과 제도의 확립에 본격적으로 뛰어들었다.[2] 그에 발맞춰, 위험을 체계적으로 평가하고 관리할 수 있는 전문역량에도 많은 발전이 있었다. 그렇지만 위험사건이 발생할 때마다 위험은 전문가의 영역에 머물지 않고, 사회적 영역으로 빠져나가 커다란 논란을 불렀다.

현대사회에서의 위험은 전통사회의 자연재해에 더해 신기술과 기술인프라에 기인하는 기술위험의 성격을 점차 뚜렷하게 보여 주고 있다. 과학기술의 놀라운 발전은 과학기술사회의 도래를 촉진했지만, 다른 한편으로는 기술위험을 둘러싼 사회적 갈등을 초래했다. 현대사회에서 과학기술은 위험문제와 밀접한 관련성을 맺고 있다. 과학기술은 위험의 해결사이면서 위험의 유발자인 것이다. 이런 점에서, 과학기술과 관련이 깊은 안전, 건강, 환경 분야가 위험연구의 주된 대상이 되고 있는 것을 잘 이해할 수 있다.[3]

기술위험을 둘러싼 사회적 혼란과 피해를 최소화하기 위한 노력은 크게 두 가지 방향으로 나아가고 있다. 첫 번째는 전문성의 강화이다. 이 경우에는 증거(지식)와 가치의 이분법 원리에 따라 전문가들이 위험평가를 통해 객관적 위험값을 도출하면, 정부에서 일정하게 사회적 이해관계를 반영해 위험관리를 수행한다(NRC, 1983). 두 번째는 민주성의 강화이다. 이 경우에는 불확실성에 따른 전문성의 한계와 민간지(*lay knowledge*)의 유용성이 강조되며, 시민참여의 활성화와 숙의적 시민참

---

2 대표적인 법률로는 식품안전기본법과 재난 및 안전관리기본법을 꼽을 수 있고, 신설되거나 강화된 국가기관으로는 식품의약품안전처, 질병관리본부, 국민안전처 등을 들 수 있다. 제도적 차원에서 국가안전관리체계는 일정한 틀을 갖추고 있다고 평가할 수 있다.

3 Ravetz(2007)는 현대과학의 문제점을 진단하고, 성찰을 통해 대안을 마련하려는 노력을 기울이고 있다. 그는 기존 과학의 문제점을 비판하면서 그 대안으로 SHE 과학을 주창하고 있다. 여기서 SHE 과학이란 안전(*Safety*), 보건(*Health*), 환경(*Environment*)의 문제를 해결하는 데 치중하는 과학을 말한다.

여 모델 연구를 통한 위험거버넌스 체계의 구축을 시도한다(이영희, 2011; 조현석, 2006; Funtowicz & Ravetz, 1999; Renn, 2008; Wynne, 1989).

선진국들은 첫 번째에서 두 번째로 빠르게 방향을 전환하면서 증거와 가치, 전문성과 민주성의 통합을 시도하고 있지만, 우리나라의 경우에는 아직도 첫 번째 단계에 머무르고 있는 실정이다. 이런 조건에서, 기술위험을 둘러싼 사회적 갈등을 최소화하기 위해서는 우선적으로, 위험문제의 사회적 측면과 역동성을 파악할 필요가 있다. 최근 들어 문제된 바 있는 '광우병 유언비어', '방사능비 유언비어', '메르스 유언비어' 등 '유언비어'(괴담)를 둘러싼 사회적 공방은 그 필요성을 잘 보여 준다. 정부는 전문성에 기초한 객관적 기준에 따라 위험정책을 집행한다고 주장하지만 시민들은 정부가 시민들의 목소리를 듣지 않고 정부의 일방적인 주장만 되풀이한다고 인식한다. 시민들은 정부를 믿을 수 없다고 생각하는 것이다. 정부 주장의 진위 여부를 떠나서, 유언비어 논란의 밑바탕에는 정부와 일반시민의 이런 인식의 불일치 그리고 정부에 대한 시민들의 불신이 자리 잡고 있다고 볼 수 있다.

이런 진단에서, 우리는 한국사회에서 위험문제의 사회적 측면과 역동성을 파악할 수 있는 통로로 정부신뢰와 위험인식의 관계에 주목한다. 비단 위험 이슈에서뿐만 아니라 전반적으로 정부에 대한 시민들의 신뢰는 점점 낮아지고 있다. 이것은 압축성장과 그로 인한 진통을 겪고 있는 우리나라에서 특유하게 나타나는 현상만은 아니다. 선진국과 개도국을 막론하고 세계적으로 나타나고 있는 현상이다. 문제는 재해, 노령화와 건강, 질병, 사회생활 전반, 경제생활 전반, 정치와 대외관계, 환경 분야 등 대부분의 사회 분야에서 위험사회의 면모가 점점 두드러지게 나타나고 있는 위험 이슈와 관련하여 정부신뢰의 수준이 상대적으로 더 낮다는 점이다.

이런 점에서 위험정책에서 정부신뢰의 중요성은 굳이 강조할 필요조차 없다.[4] 또한 일반시민들은 전문가와는 다르게 위험을 인식한다는 사실이 밝혀지면서, 이론적 측면은 물론 정책적 측면에서도 위험인식의 중요성이 강조되고 있다(김영평 외, 1995). 이렇듯, 정부신뢰와 위험인식은 위험정책의 효과를 좌우할 수 있는 핵심적 요소라 할 수 있고, 그 성격상 정부와 일반시민의 관계를 일정하게 대변한다고 볼 수 있다. 따라서 정부신뢰와 위험인식의 관계를 이해하는 것은 위험정책의 효과성과 정당성을 위해 매우 중요하다고 할 수 있다.

사실, 정부신뢰와 위험인식의 관계에 대한 연구 자체가 새로울 것은 없다. 다음 절에서 정리하고 있듯이, 다양한 연구가 이미 존재하기 때문이다. 그렇지만 국내에서 이 관계에 대한 연구가 충분한지는 의문이다. 정부신뢰와 위험인식을 별도로 연구하거나, 위험인식에 대한 연구도 그 초점이 주로 위험수용의 정책적 측면에 주어진 까닭에 정부신뢰와 위험인식의 관계는 당연한 것으로 전제되거나 부차적인 것으로 다루는 경향이 크기 때문이다. 이 연구는 한국사회에서 정부신뢰와 위험인식의 관계에 초점을 맞추고, 그것을 실증적으로 분석하고 있다는 점에서 그 의미를 찾을 수 있을 것이다. 더욱이 이 연구는 기후변화, 전염병, 먹거리, 사생활 침해, 원자력발전사고, 그리고 방사능폐기물의 저장과 관리(방폐장 관리) 등 한국사회에서 쟁점이 되고 있는 여섯 가지 기술위험 이슈들을 연구대상으로 삼음으로써 기술위험을 둘러싼 정부신뢰와 위험인식의 관계라는 보다 구체적인 분석영역을 개척하고 있다. 또한 여섯 가지 기술위험 이슈들 사이에서 보이는 정부신뢰와 위험인식의 관계 변화를 포착함으로써 위험거버넌스와 관련하여 정책적 함의를 도출하고 있다.

---

4 영국의 광우병 사건은 이를 상징적으로 보여 준다. 농축산물 안전을 책임지는 농무부 장관은 자신의 딸을 내세워 소고기의 안전을 홍보하는 전략을 구사했지만, 딸 친구의 죽음으로 엄청난 불신을 초래하고 말았다. 시민들의 위기의식은 극에 달했고, 그에 따라 엄청난 사회적 혼란과 피해를 피할 수 없었다. 우리나라의 경우에도 2008년에 발생했던 미국산 수입 소고기에 따른 광우병 파동은 위험문제에서 정부신뢰가 왜 중요한지를 잘 보여 주었다.

이 글의 분석은 《한국종합사회조사(KGSS) 2013》을 기초로 삼고 있다. 이 조사는 성균관대학교 서베이리서치센터의 주관으로 국제비교(한국, 일본, 중국, 타이완)에 활용할 수 있도록 한국사회의 구조와 변화를 측정하려는 목적으로 매년 시행되는 전국표본조사이다.

설문지에서는 한국사회에서 ① 자연재해 관련 위험, ② 건강 관련 위험, ③ 생애주기 관련 위험, ④ 사회생활 관련 위험, ⑤ 경제생활 관련 위험, ⑥ 정치 및 대외관계 관련 위험, ⑦ 환경 관련 위험 등의 분야에 걸쳐 모두 28개의 위험 이슈들에 대한 시민들의 인식을 묻고 있다. 이 글은 그중에서 과학기술 관련성이 높은 주제를 중심으로, '급격한 기후변화'(지구온난화), '전염병'(신종플루, 결핵, 조류독감 등), '먹거리 위험'(유전자변형식품, 식중독, 잔류농약, 환경호르몬, 원산지 위조 등), '사생활 침해'(CCTV, 도청, 몰래카메라 등에 의한), '원전사고'(방사성 물질 누출 등), '방사성 폐기물의 저장 및 관리' 등 모두 6개 위험 이슈를 분석 대상으로 삼았다.

중요한 변수 중 하나인 정부신뢰는 '0 = 거의 신뢰하지 않음, 1 = 신뢰함'으로 설정하여 측정하였고, 정부신뢰는 하위차원인 중앙정부신뢰, 지방정부신뢰, 청와대신뢰로 구성하여 측정하였다. 위험의 구성요소는 세 가지, 즉 위험취약성, 본인발생가능성, 위험노출도로 나누어 7점 척도로 측정하였다. 즉, 위험취약성은 '전혀 취약하지 않다(1점) ~ 전적으로 취약하다(7점)', 본인발생가능성은 '전혀 높지 않다(1점) ~ 전적으로 높다(7점)', 위험노출도는 '전혀 노출되어 있지 않다(1점) ~ 전적으로 노출되어 있다(7점)'로 측정하였다. 매개역할을 하는 정부대처능력도 '전혀 잘못 대처하고 있다(1점) ~ 전적으로 잘 대처하고 있다(7점)'로 측정하였고 역시 위의 6개 위험 이슈들을 토대로 질문하였다.

마지막으로 이 글의 구성은 다음과 같다. 첫째, 정부신뢰와 위험인식의 관계를 중심으로 이론과 연구경향을 검토하면서 정부신뢰와 위험인식의 개념적 틀을 도출하고, 이러한 개념틀에 기초하여 이 글의 연구문제를 제시한다. 둘째, 구조방정식모형을 통해 정부신뢰와 위험인식의 관계를 실증적으로 분석한다. 셋째, 6개의 위험 이슈를 대상으로 정부신뢰의 변화에 따른 위험인식의 변화를 더욱 심층적으로 분석한다. 마지막으로 이러한 분석이 나타내는 의미를 해석하고, 그로부터 유의미한 정책적 함의를 도출한다.

2. 이론과 연구경향

최근에 신뢰연구가 활발해지고 있는 이유로는 다음의 두 가지를 들수 있다. 첫째, Luhmann과 Giddens의 주장처럼, 현대사회에서 신뢰는 복잡성과 불확실성을 줄여 주는 역할을 수행하고 있는데, 기술 및 추상 시스템(*abstract system*)이 특히 현대 과학기술사회에서 복잡해지고 있기 때문이다. 현대사회에서 전문성에 대한 요구는 급속도로 커지고 있는 반면 일반시민들은 전문지식의 부재로 인식적 결핍을 느낄 수밖에 없다. 이런 환경에서 신뢰는 이러한 간극을 메우는 필수적 매개요소로 작용하는 것이다. 둘째, 1960년대 중반 이후 사회제도에 대한 신뢰가 전반적이고 지속적으로 감소하고 있다는 점이 신뢰에 관한 연구를 자극하고 있다(Viklund, 2003). 신뢰의 감소가 사회 전체의 불안정과 비용을 증가시키고 있기 때문에 이에 대한 원인을 찾아내고 해결하려는 노력이 반드시 필요한 것이다. 가령, Beck(1997; 2010)은 위험사회의 문제의식을 통해 현대사회에서 발생하는 위험의 파국성과 비가시성, 불확실성, 전방위성 등이 전통적인 산업사회를 지탱해 온 보험, 과학 등 근대적 제도에 대한 신뢰를 약화시키고 있다고 주장한다.

신뢰(*trust*)의 개념적 정의는 매우 다양하다. 가령, "정직하며 언행이 일치하고 약속을 잘 이행할 것이며, 어떤 … 역할을 제대로 수행할 수 있을 것이라는 … 기대"(이동영·정석찬, 2010 재인용; Morris & Moberge,

1994) 또는 "상대방과 자신의 의도나 가치가 유사하다는 판단 아래 상대
방으로부터 받을지도 모르는 손해를 감수하려는 의지"(최진식 · 강영철,
2012: 328) 등을 들 수 있다.[5]

그리고 신뢰의 구성요소들에 대해서도 분석의 목적에 따라 다양하게
제시되고 있다. 가령, Renn과 Levine (1991) 은 신뢰의 핵심 요소로 인
식된 역량(*perceived competence*: 기술적 전문성의 정도), 객관성 (편향의 부
재 정도), 공정성 (모든 측면의 고려 정도), 일관성 (혹은 예측가능성), 신
념 (*faith*: '선의'의 인식 반영) 등을 꼽고 있다. Kapserson 외 (1992) 는 신
봉(*commitment*), 역량, 보살핌 (*caring*), 예측가능성 등을 신뢰의 생성
및 유지와 관련된 핵심적 작용요소로 본다(Poortinga & Pidgeon, 2003
재인용). 한편 다수의 학자들 사이에 대체로 합의된 신뢰의 핵심 구성요
소로는 기대(*expectations*), 신념 (*belief*), 위험에 대한 감수(*willingness to
be vulnerable*) 등이 꼽힌다(배정현, 2011; 정주용 · 김서용, 2014 재인용).

이렇듯 신뢰의 정의와 구성요소가 다양하다는 사실을 고려할 때, 신
뢰의 개념화와 측정에서 차원성 (*dimensionality*) 의 문제가 제기되는 것
은 당연하다고 할 수 있다. 즉, 신뢰를 단일차원으로 볼 것인지, 다차
원으로 볼 것인지, 다차원으로 본다면 몇 차원으로 볼 것인지를 둘러싼
질문을 피할 수 없다. McKight와 Chervany (2002) 는 신뢰의 차원을 제
도적 신뢰 (*institutional trust*) 와 인적 신뢰 (*interpersonal trust*) 로 구분한
다(이동찬 · 정석찬, 2010 재인용). 박병진 (2007) 은 신뢰를 대인신뢰 (일
반신뢰) 와 사회신뢰로 구분하고, 신뢰의 생성에 영향을 미치는 요소로
사회관계적 원천 (단체에 대한 자발적 참여와 사적 관계망) 과 제도적 원천
(국가나 제도와 같은 공식적 기구) 을 들고 있다. 한국사회에서는 강한 사

---

5 이외에도 "거래 상대방에게 협력적인 행동을 취할 가능성"(Hwang, 1997), "위험에도 상대
방이 자신의 기대 또는 이해에 맞게 행동할 것이라는 주관적 기대"(박찬웅, 1999), "상호
간의 협력에 의해 구축되며, 상호 간 확신, 제삼자에 의한 인정, 프라이버시와 안전에 대한
보증 등에 의해 상호 간 충성도를 획득해 가는 과정"(Schneiderman, 2000) 등도 있다. 이
모든 정의는 이동영 · 정석찬 (2010) 에서 재인용했다.

적 신뢰에 비해 공적 신뢰가 약한 특징을 보인다고 보고한다. Viklund (2003)는 영국, 프랑스, 스웨덴, 스페인 등 유럽의 4개국을 대상으로 신뢰와 위험인식의 관계를 비교분석하는 논문에서, 신뢰의 차원을 일반신뢰(*general trust*)와 특수신뢰(*specific trust*)로 구분한다. 일반신뢰에는 '기업에 대한 신뢰', '사회조화에 대한 믿음', '일반의 정직성에 대한 믿음', '정치인에 대한 신뢰' 등 네 가지 요소를 변수로 취하고 있으며, 특수신뢰는 '정부 당국에 대한 신뢰'("위험이 닥쳤을 때, 정부 당국은 얼마나 국민들을 잘 보호해 줄 것으로 믿고 있는가?")를 변수로 취하고 있다. 최진식과 강영철(2012)도 정부신뢰의 특수성을 강조한다. 여기서 정부신뢰란 '정부가 국민을 위해 올바르고 유능하게 책무를 수행할 것이라는 기대에 대한 긍정적 피드백'이라는 추가요소를 필요로 한다. 즉, 정부신뢰란 '정부가 시민들이 신탁한 일을 시민들의 이익을 위해 유능하고 올바르게 수행할 것이라는 시민들의 기대'로 정의된다. 정부신뢰의 구성요소로 '관계에 기초한 신뢰'와 '역량에 기초한 신뢰'를 꼽고 있는데, 이는 정부신뢰에서 역량에 대한 신뢰가 매우 중요한 요소임을 언급하고 있다.

이상의 논의로부터 정부기관 및 정부정책을 포함하는 것으로서 정부에 대한 신뢰를 의미하는 개념으로 '정부신뢰'를 정의하고자 한다. 정부가 위험 관련 정책의 수립 및 집행에서 핵심적 역할을 수행한다는 점을 고려할 때, 정부신뢰는 위험거버넌스의 성공을 좌우하는 핵심 요소로 작용한다고 볼 수 있다.

신뢰와 위험의 긴밀한 상호 관련성에 대한 개념은 비교적 잘 확립되어 있다. 가령, Luhmann(2006)은 위험의 사회학에서 신뢰의 역할에 주목한다. 또한 Slovic(2000)은 인식된 위험에 대한 많은 연구결과를 토대로 신뢰와 위험인식이 밀접하게 관련되어 있다고 주장한다. 그렇지만 신뢰와 위험의 관계 또는 신뢰와 위험인식의 관계가 경험적으로도 충분히 확립되었다고 볼 수 있는지 의문을 제기하는 경우도 없지는 않다(Viklund, 2003).

국내에서도 신뢰와 위험인식의 관계를 실증적으로 분석하려는 시도가 있었는데, 그것은 주로 위험인식이 수용성에 영향을 미친다는 점이 고려된 까닭이다. 김영평 외(1995)는 위험을 객관적 위험과 주관적 위험으로 분리하는 전통적 이분법의 입장을 받아들여, 주관적 위험이 정책에 미치는 영향에 주목한다. 전문가 위주의 위험평가(risk assessment)에 기초한 위험관리(risk management)는 일반시민들의 주관적 위험인식을 고려의 대상에서 빠뜨림으로써 의도치 않은 저항을 불러일으켜 정책의 수용성을 떨어뜨린다는 것이다. 심준섭(2009)은 원자력발전소를 대상으로 신뢰와 위험인식, 혜택인식, 수용성의 관계를 살펴보고 있다. 이 과정에서 신뢰가 위험인식의 핵심 요소로 매우 큰 영향을 미친다는 점을 전제한다. 정주용·김서용(2014)은 신뢰와 원자력 수용성의 관계를 다차원적으로 분석하고 있다. 이때 신뢰를 정보신뢰, 행위자신뢰, 규제신뢰로 나누고 있는데, 행위자신뢰에 정부가 포함되어 있어서 정부신뢰를 일정하게 다룬다고 볼 수 있다. 그러나 원자력에 논의를 국한하고 있으며, 논의의 초점도 신뢰와 수용성의 관계에 놓여 있다. 왕재선과 문병현(2015)은 정부신뢰와 환경위험인식의 관계를 다루고 있다. 한국·일본·타이완 각국의 정부신뢰, 과학에 대한 편익인지와 위험인지, 환경위험인식을 비교분석한 다음, 환경위험인식에 정부신뢰 및 과학에 대한 편익 및 위험 인지가 국가마다 어떤 영향을 미치고 있는지를 살펴보고 있다. 정부신뢰가 낮은 집단과 높은 집단이 환경위험인식의 차이를 보인다는 흥미로운 결과를 도출하고 있지만, 과학기술의 편익 및 위험 인지를 매개요소로, 세 나라의 비교연구에 초점을 맞추고 있는 까닭에 한국사회에서 기술위험을 둘러싼 정부신뢰와 위험인식의 관계를 집중 분석하고 있지는 못하다.

한편, 위험 삼각형(risk triangle)은 위험인식과 관련해서 흥미로운 시사점을 던진다. 위험 삼각형은 취약성(vulnerability), 위해의 발생가능성(*hazard*), 노출도(*exposure*)라는 세 요소로 위험을 정의하려는 시도라고 할 수 있다(Crichton, 1999; Kron, 2002). 이 개념은 자연재해를 둘러싼 위험문제를 다루기 위한 목적으로 구성된 것이지만, 위험을 일반적으로 정의하는 것으로 확장되었다. 즉, 위험은 취약성(V), 위해의 발생가능성(H), 노출도(E)로 나타낼 수 있다(즉, R = V × H × E). 가령, 자연재해는 그런 재해가 발생할 가능성이 높을 때, 그런 재해가 인구밀집지역에서 발생할 때, 그리고 재해에 대한 준비가 부족해 취약성을 드러낼 때 그 위험이 크다고 할 수 있다. 위험에 대한 이러한 정의는 좀더 압축적으로 표현될 수 있다. 노출도와 발생가능성은 어떤 위험에 노출된 경우에 발생가능성이 의미를 지닌다는 점에서 위해의 발생가능성이라는 하나의 요소로 통합할 수 있다. 그리고 취약성은 위험이 발생했을 때 나타나는 피해의 정도를 말한다고 할 수 있다. 이런 변용을 통해, 일반적으로 사용되는 위험의 정의가 도출된다. 즉, 위험이란 어떤 사고(피해)가 발생할 가능성(P)과 피해의 규모(M)의 곱이다(즉, R = P × M).

위험 삼각형으로 정의된 위험은 객관적 위험의 성격을 띤다고 할 수 있다. 따라서 위험 삼각형은 위험에 대한 일반시민들의 인식을 파악할 수 있는 통로로 기능한다. 즉, 일반시민들이 느끼는 취약성, 위해의 발생가능성, 노출도를 측정함으로써 위험인식을 파악할 수 있을 뿐 아니라 세 요소를 위험인식의 하위요소로 삼아 위험인식을 더욱 구체적으로 분석할 수 있는 새로운 가능성을 열 수 있다. 이 글도 위험의 세 가지 하위요소인 위험취약성, 본인에게 발생할 가능성, 위험노출도에 대한 인식을 조사하고 이를 합산하여 위험인식을 측정하고자 하였다.

3. 정부신뢰와 위험인식의 관계: 개념틀과 분석결과

1) 개념틀과 연구문제

이 장에서는 정부신뢰와 위험인식의 관계를 다각도로 분석하여 학술적·정책적 함의를 도출하는 데 그 목적을 두고 있다. 이를 위해, 계량분석방법으로는 구조방정식모형을 사용한다.[6] 기후변화, 전염병, 먹거리, 사생활 침해, 원전사고, 그리고 방사능폐기물 저장과 관리(방폐장 관리) 등 과학기술과 관련된 여섯 가지 위험 이슈에 대해 정부신뢰, 정부대처능력, 위험취약성, 본인발생가능성, 위험노출도 간 관계가 어떻게 나타나는지를 종합적으로 분석한다(〈그림 3-1〉참조).

이 개념틀에서 '정부신뢰'란 정부기관 및 정부정책을 모두 포함하는

〈그림 3-1〉 개념틀

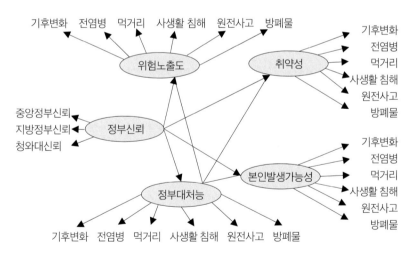

---

6 구조방정식모형은 변수 간의 인과관계 및 상관관계를 검증하기 위한 통계분석방법으로 여러 가지 장점을 지닌다(우종필, 2012). 앞서 소개한 이 글의 바탕이 되는 논문은 계량분석에 관련된 정교한 기술적 내용을 포함하고 있다. 이 글은 가독성을 위해 그러한 전문적인 방법론적 내용을 대부분 생략하였다는 점을 밝힌다.

것으로 정부에 대한 신뢰를 말한다. '청와대'와 '중앙정부', '지방정부'
의 신뢰값을 지표로 삼고 있다.

'정부대처능력'이란 위험에 대한 정부의 대처능력을 말하는 것으로,
"위험에 한국정부가 현재 얼마나 잘 혹은 잘못 대처하고 있다고 생각하
는가?"라는 문항에 기초하고 있다. '위험취약성'은 위험의 사회적 취약
성을 말하는 것으로, "한국사회는 … 위험에 어느 정도 취약하거나 혹
은 취약하지 않다고 보는가?"라는 문항에 기초한다. '본인발생가능성'
은 본인에게 해당 위험이 발생할 가능성을 말하는 것으로, "위험이 본
인에게 발생할 가능성은 얼마나 높거나 낮다고 보는가?"라는 문항에 기
초한다. '위험노출도'는 실제적으로 위험에 노출될 가능성을 말하는 것
으로, "위험에 실제로 얼마나 노출되어 있거나 혹은 노출되어 있지 않
다고 보는가?"라는 문항에 기초한다.

정부신뢰와 위험인식의 관계를 다각도로 살펴보기 위해, 다음과 같
이 크게 네 가지 연구문제를 설정하고 사회조사결과를 분석하여 이에
대한 답을 찾아가고자 한다.

첫 번째 연구문제는 정부신뢰가 정부대처능력에 긍정적인 영향을 줄
것인가 하는 점이다. 정부신뢰란 정부에 대한 신뢰를 의미하고, 정부
의 적절한 대처 여부야말로 정부신뢰의 중요한 요인이기 때문에 정부
신뢰가 클수록 위험에 대한 정부의 대처능력도 높게 평가될 것으로 예
측할 수 있다.

두 번째 연구문제는 정부신뢰를 높게 평가하면 낮은 위험인식을 보
일 것인가 하는 점이다. 이 글은 위험인식을 위험취약성, 본인발생가
능성, 위험노출도에 대한 인식으로 구성되었다고 보고 있기에 각각에
대한 세 가지의 세부 연구문제로 나누어 측정해 보고자 한다.

여기서 위험인식은 위험 삼각형에 기초하고 있다(2절 참조). 즉, 위
험 삼각형(위험취약성, 본인발생가능성, 위험노출도)을 위험의 하위요소
라 할 수 있고, 각 하위요소에 대한 시민들의 인식을 묻고 있기 때문에

그 총합을 위험인식으로 개념화한 것이다.

세 번째 연구문제는 정부대처능력이 높으면 정부신뢰는 높게 평가되고 위험인식은 낮게 평가될 것인가 하는 점과 관련되어 있다. 이 연구문제에서도 위험인식은 위험취약성에 대한 인식, 본인발생가능성에 대한 인식, 위험노출도에 대한 인식으로 나누어 분석한다. 여기에서 이 글은 정부가 위험에 어떻게 대처하고 있는가에 대한 판단을 정부신뢰와 위험인식의 관계를 매개하는 핵심 요소로 볼 수 있다고 전제한다.

마지막으로 네 번째 연구문제는 정부신뢰 수준에 따라 여섯 가지 개별 위험 이슈에 대한 위험인식에 차이가 발생할 것인가 하는 점이다. 정부신뢰가 높은 집단과 낮은 집단은 기후변화, 전염병, 먹거리, 사생활침해, 원전사고, 그리고 방폐장 관리 등 과학기술 관련 여섯 가지 위험 이슈들 각각에 대해 서로 다른 위험인식을 보일 것으로 예측할 수 있다.

2) 분석결과: 연구문제의 검증 및 토론

분석에 사용된 데이터의 인구통계학 특성을 간략히 소개한다. 지역을 골고루 고려했으며 응답자 수는 1,288명으로 성비는 같다. 응답자의 70% 이상이 기혼상태로, 청년층 41%, 장년층 48.9%, 노년층 9.5%로 청장년층의 비율이 높다. 학력수준은 중졸 이하 15.3%, 초대졸 이하 42.7%, 4년제 대학 졸업 이상 42%로 나타났다. 응답자가 인지하는 자신의 계층귀속감에 대해 취약계층이라고 응답한 비율은 21%, 중간층 65.1%, 상층 13.9%로 나타났으며, 가계 월소득은 300만 원 이하 41.9%, 600만 원 이하 38.7%, 601만 원 이상 19.4%로 나타났다.

(1) 정부신뢰와 위험에 대한 정부의 대처능력

첫 번째 연구문제, 즉 정부신뢰는 위험에 대한 정부의 대처능력에 긍정적인 영향을 줄 것인가 하는 점에 대해서는 긍정적으로 대답할 수 있다고 분석되었다. 즉, 정부신뢰가 높을수록 시민들은 위험에 대한 정부의 대처능력이 높다고 평가한다. 정부신뢰란 정부에 대한 신뢰를 말하는데, 정부에 대한 신뢰에는 "정부가 시민들이 신탁한 일을 시민들의 이익을 위해 유능하고 올바르게 수행할 것이라는 시민들의 기대"(최진식·강영철, 2012)가 담겨 있다고 할 수 있다. 또한 신뢰의 핵심 요소로 (인식된) 역량이 손꼽히는데, 이는 정부에 대한 신뢰의 핵심에 정부의 대처능력에 대한 신뢰가 놓여 있음을 알 수 있다(Poortinga & Pidgeon, 2003; Renn & Levine, 1991). 이러한 분석결과는 당연한 것이라고 생각할 수 있겠지만 기존의 이론적 접근이 이 글의 경험적 분석에 의해 뒷받침되고 있음을 보여 준다.

(2) 정부신뢰와 위험인식

두 번째 연구문제, 즉 정부신뢰가 높을수록 위험인식은 낮고, 정부신뢰가 낮을수록 위험인식은 높은 것으로 나타나는가 하는 점도 타당하다고 볼 수 있다. 여기서 위험인식은 그 하위요소인 위험취약성, 본인발생가능성, 위험노출도로 세분화하여 분석되었다. 이를 위해, 정부신뢰와 위험취약성, 본인발생가능성, 위험노출도의 세 하위요소와의 관계를 매개요소를 두지 않고 직접적 관계를 살펴본 다음, 정부대처능력이라는 매개요소로 간접적 관계도 함께 살펴보았다.

정부신뢰와 세 하위요소의 직접적 관계를 분석한 결과, 위험취약성과 위험노출도는 타당한 것으로 분석되지만, 본인발생가능성의 경우에는 그렇지 않은 것으로 나타났다. 그렇지만 간접적인 영향까지 모두 고려하면 세 하위 연구문제도 타당한 것으로 볼 수 있다.

세 번째 연구문제, 정부대처능력이 높으면 정부신뢰는 높게 평가되고 위험인식은 낮게 평가될 것인가 하는 점도 타당하다고 볼 수 있다. 정부대처능력을 높게 평가할수록 위험취약성, 본인발생가능성, 위험노출도에 대한 위험인식은 낮다고 여긴다는 것이다.

(3) 정부신뢰의 수준과 위험인식의 민감도

이 연구에서 분석의 대상으로 삼고 있는 6개의 위험 이슈들 각각에 대해서 정부신뢰와 위험인식의 관계를 살펴볼 필요가 있다. 위험인식을 더욱 구체화하기 위해 위험인식의 세 요소 중 '취약성'과 '본인발생가능성'을 두 축으로 6개 위험 이슈들을 분류하고 있다. 세 요소들 중 두 요소만을 택한 이유는 분석과 분류의 편리함 때문이기도 했지만, 사회적 취약성과 본인에 대한 발생가능성이 위험인식의 형성에 있어 사회적 측면과 개인적 측면을 잘 보여 준다고 봤기 때문이다.

통계기법을 이용하여 취약성과 본인발생가능성 사이에 통계적으로 유의한 차이가 있는지를 분석하였는데, 유의미한 차이가 있는 것으로 밝혀졌다. 또한 정부신뢰의 정도에 따른 위험의 세부항복별 수준 차이도 유의미하게 나타나는 것으로 분석되었다. 그 후 두 값의 평균값을 이용하여 X축, Y축으로 이루어진 사분면의 좌표에 각 값의 위치를 표시해 위험군을 분류했다.

네 번째 연구문제는 정부신뢰 수준에 따라 여섯 가지 개별 위험 이슈에 대한 위험인식에 차이가 발생할 것인가 하는 질문이었는데 이것도 그렇다는 것이 밝혀졌다. 기후변화, 전염병, 먹거리, CCTV나 도청 등의 사생활 침해, 원전사고 위험, 방폐장 관리 등 6개 위험 이슈에 대해 고신뢰집단(480명)과 저신뢰집단(808명)으로 나누어 위험인식을 분석하였다. 위험인식은 세 가지 하위요소 중 취약성과 본인발생가능성에 대해서 위험인식의 차이를 조사하였다.[7] 기후변화의 저신뢰집단, 원자발전의 저신뢰집단, 방폐장 관리의 고신뢰집단 등 세 가지 경우는 통계적으로 유의하지 않은 것으로 드러났지만 전반적으로 네 번째 연구문제도 타당한 것으로 입증되었다고 볼 수 있다.

정부신뢰 수준이 개별 이슈들에 대한 위험인식의 변화에 미치는 영

---

[7] 이 경우에도 원래 논문은 정교한 분석결과를 표로 정리하였는데 여기에서는 생략하였다.

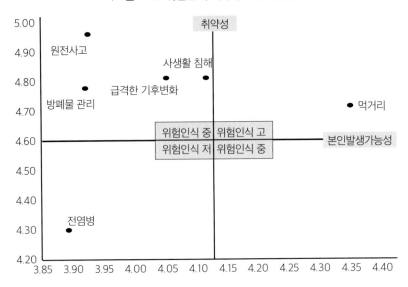

〈그림 3-2〉 위험인식 세부항목별 위험군

향을 보다 구체적으로 분석하기 위해서 개별 이슈들을 위험인식의 수준에 따라 분류했다.

1. 취약하며 발생가능성이 높다고 인식할 경우: 위험인식 높음
2. 취약하지만 발생가능성은 낮다고 인식할 경우: 위험인식 중간
3. 취약하지 않지만 발생가능성은 높다고 인식할 경우: 위험인식 중간
4. 취약하지도 않고 발생가능성도 높지 않다고 인식할 경우:
   위험인식 낮음

분석결과, 개별 위험 이슈들은 위험인식 수준에 따라 다음과 같이 분류할 수 있다(〈그림 3-2〉 참조).

위험인식 고(高) : 먹거리
위험인식 중(中) : 기후변화, 사생활 침해, 원전사고, 방폐장 관리
위험인식 저(低) : 전염병

위험인식 고(高)로 분류된 먹거리 위험은 시민들이 매우 민감하게 반응한다. 무엇보다도 자신과 가족의 건강 및 안전이 심각하게 위협받을 가능성이 높기 때문이다. 우리 사회에서는 광우병 사태, 학교급식 식중독 사건, 일본 수입수산물 사태 등 먹거리 위험이 빈번하게 사회적 이슈로 등장했다. 이런 까닭에 사회적으로 매우 취약하다고 느낄 수 있고, 먹거리의 속성상 본인에게 발생할 가능성도 높다고 볼 가능성이 크다. 분석결과는 이런 예상을 뒷받침해준다.

위험인식 중(中)으로 분류된 위험 이슈들은 다시 기후변화와 사생활 침해, 원전사고와 방폐장 관리로 나눠볼 수 있다. 기후변화와 사생활 침해는 사회적 취약성은 높은 편인데 개인에 대한 발생가능성은 중간 정도의 수준이다. 사생활 침해는 미국 국가안보국(NSA)의 세계적 범위의 도감청 프로그램인 프리즘의 실체를 폭로한 스노든 폭로 사건(2013년)과 국정원 카카오톡 사건 등 국내외에 걸쳐 도감청 문제가 불거지면서 시민들의 주목을 받았다. 기후변화는 글로벌 이슈이고 우리 사회가 전반적으로 준비가 부족하다고 판단하기 때문에 사회적 취약성이 심각하다고 판단하는 편이다. 반면 자신에게 발생할 가능성에 대해서는, 사생활 침해는 프라이버시에 대한 관심이 상대적으로 적은 데서 보듯 사생활 침해 자체에 대한 관심이 적고 자신의 통제가능성에 대한 일정한 기대감을 품고 있다는 점에서, 그리고 기후변화의 경우에는 자신의 문제로 받아들이지 않고 미래의 사건으로 치부하는 경향이 존재한다는 점에서 중간 정도의 어정쩡한 태도를 보인다고 할 수 있다.

원전사고와 방폐장 관리는 사회적 취약성은 매우 높게 판단하면서도 본인에 대한 발생가능성은 매우 낮게 평가하는 것으로 나타났다. 2011년 일본 후쿠시마 원전사고로 한국사회도 홍역을 치렀다. 그리고 고리 원자력발전의 수명연장이 이슈화되었다. 취약성이 가장 높다고 본 이유이다. 반면 원전은 주로 도시에서 떨어진 외진 바닷가에 있으므로 원전사고로 본인에게 피해가 발생할 가능성은 높지 않은 것으로 인식하고 있다. 이는 표본이 전국을 대상으로 하기 때문에 발생할 수 있는 현상으로 볼 수 있는데, 원전 지역주민들을 대상으로 한다면 다른 결과를 얻을 수 있을 것으로 예측한다. 방폐장은 원전사고와 연동하여 생각해 볼 수 있다.

위험인식 저(低)로 분류된 전염병 위험의 경우에는 사회적 취약성과 자신에 대한 발생가능성을 가장 낮게 평가하고 있는 것으로 나타났다. 2007년 사스(SARS), 2009년 신종플루 등 전염병 발병에 대한 사회적 우려가 없지는 않았지만 예상보다 심각한 수준으로 발전하지는 않았다. 이런 경험이 전염병에 대한 사회적 취약성을 낮게 평가한다고 볼 수 있다. 그리고 전염병은 외부에서 전파되거나 특수한 상황에서 발생한다고 보기 때문에 본인에 대한 발생가능성도 낮게 평가한 것으로 보인다. 더욱이 전염병은 문화적으로 비난의 대상이고, 일종의 타자화 효과를 초래하기 때문에 무의식적으로 나와는 무관한 것으로 보는 경향이 존재한다. 만약 이 설문조사가 2015년 메르스 사태 이후에 실시되었다면 지금과는 매우 다른 결과가 나왔을 것이다.

이번에는 정부신뢰가 높은 집단과 낮은 집단에 따라 개별 위험 이슈의 위험인식의 변화를 측정했다. 그 결과 〈그림 3-3〉과 같은 변화도를 얻을 수 있었다.

〈그림 3-3〉은 정부신뢰 수준에 따라 6개 위험 이슈들의 위험인식의 변화폭에 일정한 경향성이 존재할 수 있음을 암시하고 있다는 점에서 흥미를 더한다. 가령, 위험인식이 높은 편에 속하는 먹거리와 사생활활 침해의 변화폭은 다른 이슈들에 비해 큰 것으로 나타났다(〈그림 3-4〉). 이런 경향성은 위험인식이 큰 위험 이슈일수록 정부신뢰의 수준에 따른 위험인식의 변화폭이 클 수 있음을 함축한다.

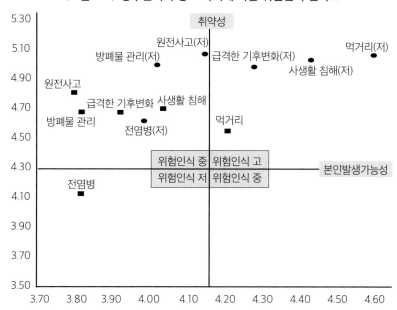

〈그림 3-3〉 정부신뢰의 정도 차이에 따른 위험인식 변화도

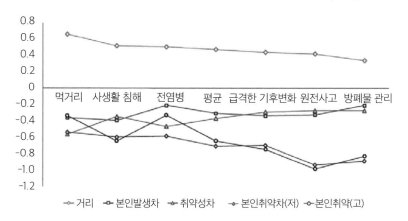

〈그림 3-4〉 정부신뢰 수준에 따른 개별 위험 이슈들의 위험인식 변화도

4. 결론 및 함의

우리는 2013년 사회조사결과를 분석하여 정부신뢰와 위험인식의 관계를 살펴보았다. 그 결과, 시민들의 정부신뢰가 높을수록 위험인식은 낮고 정부신뢰가 낮을수록 위험인식은 높다는 사실을 실증 분석으로 확인할 수 있었다. 또한 정부신뢰의 수준에 따라 개별 이슈들의 위험인식에 차이가 발생한다는 사실도 확인할 수 있었다. 그리고 경향성이기는 하지만, 위험인식이 높거나 높은 편에 속하는 먹거리와 사생활 침해는 정부신뢰 수준에 따라 위험인식의 변화폭도 다른 개별 위험 이슈들에 비해 클 것으로 예측할 수 있었다. 이런 결과는 위험 이슈에 따른 위험거버넌스 전략의 차별화가 필요하다는 점을 시사한다.

학술적 측면에서 이 글의 의의는 무엇보다 정부신뢰와 위험인식의 관계를 실증적으로 분석하고 정부신뢰가 위험인식에 영향을 미친다는 점을 밝혔다는 점에 있다. 이외의 이론적 함의들로는 다음과 같은 것을 생각해 볼 수 있다.

첫째, 이 장은 정부신뢰와 위험인식의 관계가 위험에 대한 정부의 대처능력에 의해 매개된다는 점을 밝히고 있다. 위험인식은 사회적 취약성, 본인발생가능성, 위험노출도로 구체적으로 측정될 수 있다. 이 경우 정부의 대처능력을 높게 평가하면 정부신뢰 인식은 높고 따라서 위험인식은 낮게 나타난다고 할 수 있다.

둘째, 사실 정부신뢰와 위험인식 간의 관계에 대한 진술은 구체적인 내용을 결여하기 쉽다. 이 장은 이러한 일반론적 추론의 간극을 메우고자 추가로 실증 분석을 시도했다. 6개의 과학기술 관련 위험 이슈별 분석을 추가한 것이다. 네 번째 연구문제가 바로 이런 이론적 노력을 위해 제시한 것이다. 그 분석결과는 위험인식이 높은 위험 이슈, 즉 유전자변형식품(GMO)과 광우병 같은 먹거리 관련 이슈와 CCTV와 도청 같은 사생활 침해에서 정부의 대처능력과 정부신뢰의 부족이 초래할 수 있는 부정적 결과가 매우 클 것임을 알 수 있는 이론적 근거를 찾을 수 있었다. 네 번째 연구문제를 더욱 구체화할 수 있는 후속연구가 이루어진다면, 정부신뢰와 개별 위험 이슈들의 위험인식의 관계를 보다 심도 있게 파악할 수 있을 것이다. 이 연구에서는 분석의 편의를 위해 취약성과 발생가능성만을 대상으로 삼았지만, 추가연구에서는 노출도를 추가하여 취약성-발생가능성 외에도 취약성-노출도, 발생가능성-노출도를 대상으로 삼을 수도 있을 것이다.

또한 이러한 분석결과는 상당히 중요한 정책적 함의를 지닌다. 정부신뢰가 정부의 대처능력을 매개로 위험인식에 영향을 미친다는 사실은 정부의 위험정책에서 신뢰가 매우 중요한 요소라는 점을 말해 준다. 더욱이 위험인식이 높은 위험 이슈일수록 정부신뢰 수준이 위험인식의 변화폭을 좌우할 수도 있다는 가능성은 위험정책에서 신뢰의 역할이 때에 따라서는 결정적일 수도 있음을 암시한다. 가령, 2008년의 미국산 수입소고기에 따른 광우병 파동이 이를 잘 보여 준다. 정부는 갖가지 정책적 수단을 동원하여 국민들을 안심시키려 했지만, 오히려 국민들은 불신과 불통을 문제 삼았다. 경제적 이익을 위해 국민건강을 저버렸다는 주장이 설득력을 얻으면서 정부에 대한 근본적 신뢰가 무너진 것이다. 그 결과, 미국산 수입소고기에 대한 위험인식이 증폭되면서 엄청난 사회적 비용을 치러야 했다. 이런 이유로 2008년 광우병 파동은 정부에 대한 불신이 얼마나 큰 정책 실패를 불러올 수 있는지 잘 보여 주는 사례로 평가된다(강윤재, 2009; 노진철, 2009; 박희제, 2009).

마지막으로 위험정책에서 신뢰의 부재가 한국사회에서 위험커뮤니케이션의 문제와 연동되어 있다는 점에도 주목할 필요가 있다. 불신은 소통을 방해하며, 불통이 불신을 초래한다는 사실은 비교적 잘 알려졌다. 여기서 문제는 한국사회에서 불신과 불통이 구조적으로 상승작용을 일으키고 있는 것처럼 보인다는 점이다. 특히 위험인식이 높은 위험 이슈에 대해서는 이런 특징이 거의 반복해서 드러난다. 가령, 앞에서

예로 언급한 사회적 쟁점으로 부각되었던 위험 이슈에서는 많은 경우 정부에 대한 불신과 불통이 문제가 되었다(주 1 참조). 이런 까닭에 선진국을 중심으로 위험커뮤니케이션 및 위험거버넌스에 대한 연구가 활발하게 이루어지고 있으며, 그런 연구결과를 정책으로 연결하기 위한 노력에 우리도 관심을 기울일 필요가 있다.

최근 이루어지고 있는 위험커뮤니케이션과 관련된 변화는 일종의 패러다임 전환이라고 평가할 만하다. 그 핵심은 결핍모형에 기초하여 일방향적으로 이루어지던 위험커뮤니케이션을 쌍방향적인 것으로 바꾸는 것이다. 즉, 전파의 송수신 과정을 모델로 전문가에 의해 도출된 객관적 위험(값)에 기초한 일방적 정보전달에 주력하는 전통적 위험커뮤니케이션 모형을 대체하여 위험을 둘러싼 과학적 불확실성과 사회적 이해관계 갈등을 인정한 가운데 전문성과 민주성을 동시에 고려하는 쌍방향 위험커뮤니케이션 모형을 설계하려는 시도라 할 수 있다(Kasperson & Stallen, 1991; Leiss & Powell, 2004; NRC, 1989; Plough & Krimsky, 1987). 이런 시도가 이루어진 것은 다양한 계기 때문이지만 가장 큰 것은 전통적 위험커뮤니케이션 모형이 더 이상 현실에서 힘을 발휘할 수 없게 되었기 때문이다. 가령, 1990년대 영국의 광우병 파동은 전문성이 흔들리면서 정부의 권위와 신뢰가 땅에 떨어진 대표적 위험커뮤니케이션 실패 사례로 평가되고 있다. [8]

우리의 현실도 크게 다르지 않고, 관련 연구가 없는 것도 아니다(김동광, 2010; 김영욱, 2008; 박광수·박범순, 2015; 박희제, 2004; 원용진, 2003). 그렇지만 우리는 여전히 전통적 위험커뮤니케이션 모형에 머물러 있다고 할 수 있다. 전통적 위험커뮤니케이션 모형에서는 전문성과 전문지식이 강조되는 까닭에 신뢰는 객관성과 보편성을 확보하면 저절로 따라오는 부차적인 것으로 여기는 경향이 있다. 반면 쌍방향 위험커

---

8 영국 의회에서 발간한 '광우병 조사보고서'(The BSE Inquiry, 2000)를 참조.

뮤니케이션 모형에서는 전달되는 정보 자체는 물론 그 정보의 원천(전문가집단, 정부, 국제기구, 언론 등)이 중요해지기에 신뢰는 위험커뮤니케이션의 성공을 좌우하는 주요한 요소로 다루어진다(Renn & Levine, 1991). 이런 차원에서 볼 때, 쌍방향 위험커뮤니케이션 모형으로의 전환은 소통을 강화하는 동시에 신뢰를 강화할 수 있는 효과적인 방안이 될 수 있다.

참고문헌

강윤재(2009), 광우병 위험과 촛불집회: 과학적인가 정치적인가?, 〈경제와 사회〉, 89, 269~297.

김동광(2010), GMO의 불확실성과 위험 커뮤니케이션: "실질적 동등성" 개념을 중심으로, 〈사회와 이론〉, 16, 179~209.

김영욱(2008), 《위험, 위기, 그리고 위험커뮤니케이션: 현대사회의 위험, 위기, 갈등에 대한 해석과 대응》, 이화여자대학교출판부.

김영평·최병선·소영진·정익재(1995), 한국인의 위험인지와 정책적 함의, 〈한국행정학보〉, 29(3), 935~954.

노진철(2009), 2008년 촛불집회를 통해 본 광우병 공포와 무지의 위험소통, 〈경제와사회〉, 84, 158~182.

박광수·박범순(2015), 환경 위험 커뮤니케이션의 사회적 구성: 석면 위험에 대한 언론보도 분석을 중심으로, 〈환경사회학연구 ECO〉, 19(1), 7~47.

박병진(2007), 신뢰형성에 있어 사회참여와 제도의 역할, 〈한국사회학〉, 41(3), 65~105.

박희제(2004), 위험인식의 다면성과 위험갈등, 〈환경사회학 ECO〉, 6, 8~38.

_____(2009), 미국산 쇠고기 파동과 대중의 위험인식의 합리성: 대중의 과학 이해(PUS) 관점, 〈현상과인식〉, 33(4), 91~116.

심준섭(2009), 원자력 발전소에 대한 신뢰, 인식된 위험과 혜택, 그리고 수용성, 〈한국정책학회보〉, 18(4), 93~123.

왕재선·문병현(2015), 정부신뢰와 과학기술에 의한 환경위험인식: 비교론적 분석, 〈한국거버넌스학회보〉, 22(3), 307~328.

원용진(2003), 위험사회와 커뮤니케이션, 〈문화과학〉, 35, 75~90.

이동연·정석찬(2010), 기업의 RFID 수용에 있어 신뢰와 위험의 영향에 관한 연구, *Entrue Journal of Information Technology*, 9(1), 61~76.

이영희(2011), 《과학기술과 민주주의》, 문학과지성사.

우종필(2012), 《구조방정식모델 개념과 이해》, 한나래아카데미.

정주용·김서용(2014), 신뢰와 원자력 수용성의 다차원성에 대한 탐색적 분석, 〈한국행정학보〉, 48(4), 51~78.

조현석(2006), 숙의적 시민참여 모델 연구, 〈한국과학기술연구〉, 6(1), 1~30.

차용진(2001), 환경위험인식 비교분석과 정책적 함의: 용인시를 중심으로, 〈한국행정학보〉, 35(1), 127~142.

_____(2006), 위험인식 연구: 심리측정패러다임의 신뢰성 및 타당성 검토, 〈한국정책과학학회보〉, 10(4), 181~201.

_____(2007), 위험인식과 위험분석의 정책적 함의: 수도권 일반주민을 중심으로, 〈한국정책학회보〉, 16(1), 97~116.

최진식·강영철(2012), 직관적 탐지이론을 통한 정부의 위험관리 신뢰요인에 관한 연구: 고리원전사고 위험관리에 대한 신뢰를 중심으로, 〈정부학연구〉, 18(3), 325~357.

Beck, U. (1997), *Risikogesellschaft*, 홍성태 옮김, 《위험사회: 새로운 근대(성)을 향하여》, 새물결.

_____(2010), *Weltrisikogesellschaft*: *Auf der Suche nach der verlorenen Sicherheit*, 박미애·이진우 옮김, 《글로벌 위험사회》, 길.

Crichton, D. (1999), The Risk Triangle, In Ingleton, J. (Ed.), *Natural Disaster Management*, 102~103, London: Tudor Rose.

Döderlein, J. M. (1982), Understanding Risk Management, *Risk Analysis*, 3(1), 17~21.

Funtowicz, S. & Ravetz, J. (1999), Post-Normal Science: An Insight Now Maturing, *Futures*, 31: 641~646.

Kasperson, R. & Stallen, P. (1991), *Communicating Risks to the Public*: *International Perspectives*, Netherlands: Kluwer Academic Publishers.

Kron, W. (2002), Flood Risk=Hazard X Exposure X Vulnerability, In Wu M. et al. (Eds.), *Flood Defence*, 82~97, New York: Science Press.

Leiss, W. & Powell, D. (2004), *Mad Cows and Mother's Milk*: *The Perils of Poor*

Risk Communication, Montreal & Kingston: McGill-Queen's University Press.

NRC(1983), *Risk Assessment in the Federal Government: Managing the Process*, Washington D. C. : National Academy Press.

_____ (1989), *Improving Risk Communication*, Washington, D. C. : National Academy Press.

Plough, A. & Krimsky, S. (1987), The Emergence of Risk Communication Studies: Social and Political Context, *Science, Technology & Human Values*, 12(3, 4), 4~10.

Poortinga, W. & Pidgeon, N. F. (2003), Exploring the Dimensionality of Trust in Risk Regulation, *Risk Analysis*, 23(5), 961~972.

Ravetz, J. (2007), *The No-Nonsense Guide to Science*, 이혜경 옮김, 《과학은 멋진 신세계로 가는 지름길인가?》, 이후.

Renn, O. (1998), Three Decades of Risk Research: Accomplishments and New Challenges, *Journal of Risk Research*, 1(1), 49~71.

_____ (2008), *Risk Governance: Coping with Uncertainty in A Complex World*, London: Earthscan.

Renn, O. & Levine, D. (1991), Credibility and Trust in Risk Communication, In Kasperson, R. & Stallen P. (Eds.), *Communicating Risks to the Public: International Perspectives*, 175~218, Netherlands: Kluwer Academic Publishers.

Slovic, P. (1987), Perception of Risk, *Science*, 236(17), 280~285.

_____ (2000), *The Perception of Risk*, London: Earthscan Publications Ltd.

Sluhmann, N. (2006), *Risk: A Sociological Theory*, 2nd ed. , New Brunswick/London: Transaction Publishers.

Viklund, M. (2003), Trust and Risk Perception in Western Europe: A Cross-National Study, *Risk Analysis*, 23(4), 727~738.

Wynne, B. (1989), Sheepfarming After Chernobyl: A Case Study in Communicating Scientific Information, *Environment*, 10(15), 33~39.

04

빅데이터와 정부 의사결정:
사회적 관심의 재난위기단계 적용은 가능한가?*

이은미**

1. 빅데이터와 사회과학의 도전

가위(可謂) 빅데이터의 시대이다(한국정보화진흥원, 2012; Boyd & Crawford, 2012; Mckinsey Global Institute, 2011). 방대한 규모의 다양한 자료를 종전과는 다른 방식으로 수집·분석하게 됨으로써 인간 생활에 대한 새로운 접근을 할 수 있을 것이라는 기대[1]가 확산되고 있다. 빅데이터의 관리·처리·분석을 위한 기술적·공학적 관심이 높아지고 있고, 축적된 빅데이터를 상업적으로 활용하거나 기업혁신의 계기로 삼고자 하는 경제적 관심도 커지고 있다. 개인정보 유출, 프라이버시 침해와 같은 사회적 관심 역시 점차 높아지고 있다(이재현, 2013: 128).

사회과학 연구자들도 자료분석의 틀과 방법을 빅데이터 시대의 새로운 방식으로 재구성해야 하는 도전을 맞이하고 있다. 예컨대 급진적 의

---

* 이 장은 〈한국정책회보〉(2015년 제 24권 4호)에 실린 이은미 논문(빅데이터의 정부 의사결정 반영에 관한 탐색적 연구-사회적 관심의 재난위기단계 적용을 중심으로)을 부분적으로 수정한 글이다.

** 이은미: 서울과학기술대학교 스마트지식사회연구단 전임연구원

1 물론 빅데이터가 초래할 수 있는 기술적·인적·법제도적·경제적·사회문화적 위험에 대한 우려도 있다(윤상오, 2013).

견을 제기한 Anderson(2008)은 빅데이터 시대에서는 숫자가 스스로를 말하며, 이론은 종언하게 된다고 선언했다. 이론에 근거하여 가설모형을 설정하고 표본자료를 통해 인과관계를 검정하던 연역적 방법은 더 이상 유효하지 않게 되고, 상관관계만으로 과학적 발전을 이룰 수 있다고 주장하였다. 방법론적으로 인과관계에서 상관관계로의 전환²이 이루어지는 것이다(한신갑, 2015: 170). 아울러, 빅데이터는 종전 사회과학적 자료와는 다른 특성을 가진다는 것에 주목해야 한다(김용대·조광현, 2013: 962~965). 빅데이터는 기본적으로 실험자료가 아닌 관측자료로서의 특성을 가지기 때문에, 관측된 자료로부터 인과관계를 도출하기 위해서는 심도 깊은 학문적·통계적 지식을 필요로 하게 된다. 또한 빅데이터는 모집단에 대한 전수 정보로서의 특성을 가지므로 샘플을 통해 모집단을 추론하는 방식의 변화를 모색해야 한다. 그리고 다양한 정보를 결합하여 입체적으로 자료를 활용하게 됨으로써 통계자료가 고차원화되어 새로운 통계모형이 필요하게 된다.

이러한 특성의 빅데이터를 사회과학에서 어떻게 접목시킬 것인가에 대해서는 아직 탐색적 상황이라 할 수 있다(한신갑, 2015: 178). 자료의 규모라는 측면에서 볼 때 사회과학 연구는 small-N 기반의 사례지향 연구와 large-N 중심의 변수지향 연구방법으로 발전되어 왔으나(Ragin & Amoroso, 2010), 자료규모·자료구성·분석준거가 근본적으로 바뀌는 빅데이터 시대에서는 이론구성·자료탐색·연구방법을 새롭게 찾아야 하는 것이다(Mayer-Schönberger & Cukier, 2013).

이 장에서는 빅데이터를 사회과학 중에서 행정학·정책학 분야에 적용할 수 있는 방안을 모색하고자 한다. 특히 정책학의 주요 연구 분야

---

2 Boyd와 Crawfor(2012)는 데이터 규모가 엄청나게 증가할 경우 아무 관련 없는 것들 사이에 연관성을 부여하게 되는 아포페니아(*apophenia*)가 일어날 수 있다고 경고하기도 하였다. 또한 맥락을 고려하지 않은 빅데이터는 의미가 없으며(taken out of context, big data loses its meaning), 데이터가 클수록 좋은 데이터가 되는 것은 아니라(bigger data is not always good data)는 점도 강조한다.

인 정책의제 설정 또는 정부 의사결정에 빅데이터를 적용할 수 있는 방안을 탐색함으로써, 정책대응의 적시성(*timing*)을 높일 수 있는 방법을 찾고자 한다. 아울러 빅데이터가 의사결정의 기존 자료를 대체할 수 있는지 또는 빅데이터와 전통적 방식으로 수집되는 정보가 상호 보완적으로 사용될 수 있는지에 대해서도 논의하고자 한다. 이를 위해 2009년과 2010년에 전국적으로 발생하였던 신종플루[3] 감염에 대한 정부의 재난위기단계 의사결정 사례를 분석하여 소개한다. 특히 신종플루 발생과 지역확산, 그리고 구글 트렌드에 나타난 사회적 관심을 분석하여, 빅데이터와 사회과학의 공존가능성을 탐색한다.

2. 빅데이터와 의사결정

정보는 사회문제 또는 정책문제[4]가 정부의제화될 수 있도록 작용하는 요인 중 하나이다(오철호, 2005: 333~334). 정책결정자는 정보를 통해 해결해야 하는 문제에 대해 관심을 가질 수 있으며, 정보는 사회문제의 규명과 이해에 영향을 주게 된다. 정보 또는 정보시스템에 대해 Simon(1965; 1973)은 불확실한 조직 환경 및 문제 원인과 결과를 분석하는 데에 도움을 주며, 인간 기억능력의 한계를 보완함으로써 합리적 정책결정에 기여한다고 본다. Gorry와 Scott(1971)은 대량의 정보를 계량적으로 분석함으로써 정보의 가치를 높이고, 정부의 정책결정능력을 개선할 수 있다고 한다. Huber(1984)와 유홍준(2000)은 정보 접근의 용이성은 의사결정 과정을 더욱 공식적이며 투명하게 만들고, 의

---

3 인플루엔자가 공식적 명칭이나 본 연구에서는 이해를 돕기 위해 신종플루의 용어도 함께 사용하였다.

4 정책문제(*policy problem*)는 정부가 그 해결을 위해 심각하게 검토하기로 결정한 사회문제를 말한다(정정길 외, 2010: 283).

사결정에 대한 참여를 늘린다고 보았다.

한편, 정보에 과잉노출되는 정보홍수를 Shenk(1998)는 '데이터 스모그'(*data smog*)로 비판적으로 지적하였다. 정보기술의 발달로 생기는 가치 없는 정보의 과다·범람에 대처하기 위해 유용한 정보를 선별하는 능력이 필수적이라고 Shenk(1998)는 강조한다. 미국의 국민정신보건부문을 대상으로 정책결정에서의 정보사용을 연구한 오철호(1998)는 정보모집단계에서 광범위한 정보탐색보다는 내부정보원으로부터 정보를 취득하려는 강한 경향을 보여 주었고, 정보분배에 있어서는 외부와 정보를 공유하지 않는 성향이 있다는 것을 실증하였다. 정보가 정책결정에 영향을 미치더라도 그 영향은 정보사용량에 비례적이지 않으며, 공식적 정보보다는 비공식적 정보교류에 의해 현실세계에서의 정책결정이 이루어진다고 보았다(Daft & Lengel, 1986).

정보의 흐름을 통해 사회문제가 정부의 공식적 의사결정이 필요한 정부의제가 되기 위해서는 '사회문제 → 사회적 쟁점 → 공중의제 → 정부의제'의 이념형 경로[5]를 거치게 된다(Cobb & Elder, 1983). 이 과정에서 정보원으로서의 언론매체는 사회문제에 대한 관심을 유도하고, 이슈를 일반 대중에게 확산[6]하는 역할을 하게 된다. 어떤 사회문제가 언론매체의 집중적인 주목을 받게 되면서 사회문제 해결을 위한 공감대를 형성하고 정부가 이러한 문제를 직접 해결하도록 촉구하게 된다(McCombs & Shaw, 1972). 한편 Kingdon(2003)은 문제·정책·정치의 세 가지 흐름이 상호 독립적 경로를 따라 진행되다가 '정책의 창'이 열릴 때 서로 결합되어 정책의제화된다고 본다. Downs(1972)는 생태계 생물체가 생성되

---

5 정정길 외(2010: 289)는 정부의제 설정 과정을 ① 사회문제 → 정부의제, ② 사회문제 → 사회적 쟁점 → 정부의제, ③ 사회문제 → 공중의제 → 정부의제, ④ 사회문제 → 사회적 쟁점 → 공중의제 → 정부의제의 네 가지로 제시한다.

6 노화준(2012)은 어떤 사회문제가 정부의 정책의제로 전환되기 위해서는 사회문제가 일반 대중에게 알려지는 천재지변, 정치적·행정적 사건, 국가위기상황 등과 같은 격발 메커니즘(*triggering mechanism*)이 있어야 한다고 본다.

고 소멸되는 것과 유사한 순환 과정을 사회적 이슈가 갖는다는 이슈관심주기(*issue attention cycle*)[7]를 제안하였다. 이슈관심주기는 사회문제가 악화되지만 일반 대중의 관심을 받지 않고 있는 초기단계에서, 이슈에 대한 일반 국민의 관심이 갑작스럽게 확대·고조되어 정점에 도달한 후, 사회적 관심이 점차 낮아지는 자연사(*natural history*) 모형을 갖는다고 본다. 사회적 이슈에 대해 일반 대중은 쉽게 식상하게 되고, 새로운 이슈로 관심을 돌리는 경향 때문에 사회적 이슈가 지속되지 못하게 되는 것이다.

이러한 정책이슈 확장과 정책의제형성 과정에서 정보는 중요한 역할을 한다(노화준, 2010: 210). 하지만 일반 대중의 입장에서는 관심 있는 이슈에 대한 필요한 정보를 직접 얻기 위해서는 상당한 시간과 비용을 지불해야 하는 제약에 직면하게 된다. 따라서 정책이슈를 주도하고자 하는 집단은 언론보도, 이슈와 관련한 연구보고서, 외국사례분석, 각종 통계자료, 여론조사결과 공표 등의 '정보보조'[*information subsides*(노화준, 2010: 211)]를 통해 정보를 제공하게 된다. 정보보조는 관심 있는 일반 대중에게 관련 정보에 대한 접근을 용이하게 하여 정책이슈 집단에게 유리한 방향으로 여론을 형성하고 정책의제를 설정하는 역할을 한다.

빅데이터 시대에는 전통적 정보보조를 대신해, 일반 대중의 관심을 인터넷으로 직접 확인할 수 있게 된다. 예를 들어, 공중보건에 대한 정보역학(*infodemiology*)[8] 개념을 도입한 Eysenbach(2002; 2009)는 인터넷 정보 활용을 공급기반 연구와 수요기반 연구의 두 가지 형태로 구분하였다. 공급기반 연구는 트위터, 블로그, 웹페이지 등에 나타난 특정

---

7 박기묵(2000; 2006)은 이슈관심주기를 활용하여 우리나라 100대 사회적 사건과 환경오염 사례를 분석한 바 있다.

8 Eysenbach(2002)가 말한 정보역학은 정보(*information*)와 역학(*epidemiology*)을 합성한 용어로, 인터넷에 기반하여 공중보건 정보를 분석하는 새로운 연구방법을 말한다.

증상에 대한 정보를 활용하여 질병 확산을 연구하는 방법인 반면, 수요기반 연구는 개별 행위자들의 인터넷 검색사용을 분석함으로써 특정 질병의 확산을 탐색한다. 수요기반 연구는 인터넷 사용자의 비구조화된 검색활동을 분석하는 정보감시〔infoveillance(Eysenbach, 2011)〕의 개념으로 발전되었고, 대표적인 사례가 2008년부터 서비스된 구글 독감 트렌드(Google Flu Trends)[9]라 할 수 있다.

그동안 전통적인 독감 감시체계는 질병통제예방센터(US Centers for Disease Control and Prevention)에서 인플루엔자 의사 환자(Influenza-Like Illness: ILI),[10] 인플루엔자 바이러스 검출 결과 등을 1~2주의 시차를 두고 임상 표본조사하는 방식으로 이루어졌다. 이에 비해 구글은 하루 5억 건이 넘는 인터넷 검색 중에서 질병통제예방센터에서 제공하는 인플루엔자 의사 환자 추이와 상관관계가 높았던 검색어 40여 개를 활용하여 독감 트렌드 모델을 개발하였다. 구글의 예측결과는 질병통제예방센터에서 발표한 인플루엔자 감시결과와 0.9 이상의 상관관계를 나타냈다(Ginsberg et al., 2009). 인터넷 검색결과에 투영된 일반 대중의 관심으로 인플루엔자의 발병과 확산을 예상하는 구글 독감 트렌드의 정확성에 대한 비판도 그 후 제기되었으나(Butler, 2013; Cook et al., 2011), 빅데이터의 과학적 잠재력과 가능성을 부정한 것은 아니었다(Lazer et al., 2014). 인터넷 검색어를 활용하여 일반 대중의 관심과 정책 현저성[11]을 분석하는 방법은 실업예측, 선거공약, 언론분석, 질병감시 등 다양한 분야로 확대되어 연구되었다(구평회·김민수, 2013; 권치명 외, 2014a; 2014b; Mellon, 2013; 2014; Ripberger, 2011).

다양한 활용가능성에도 불구하고 일반 대중의 관심에 관한 검색어

---

9 구글 독감 트렌드(http://www.google.org/flutrends/about)는 2008년부터 서비스되어 2014년까지 관련 정보를 제공하였으나, 2015년 10월 15일부터 서비스를 중단하였다.

10 38℃ 이상의 갑작스러운 발열과 더불어 기침 또는 인후통을 보이는 경우(질병관리본부).

11 현저성이란 일반 대중이 관심을 가지는 정도로서 일반 대중이 인식하는 문제의 상대적 중요성을 의미한다(Gormley, 1986; Kraft & Furlong, 2013).

기반 모델은 다음과 같은 점에 유의할 필요가 있다(Ripberger, 2011). 우선 구글 알고리즘과 서비스에 의존하고 있다는 것으로, 연구에 있어서 중요한 것은 개인의 인터넷 검색행위에 관한 것이지 구글 자체가 되어서는 안 된다는 것이다. 그리고 검색어는 일반 대중의 관심을 대표할 수 있도록 체계적으로 선정되어야 하며, 연구목적에 부합하지 않는 검색어 결과는 면밀하게 제어될 필요가 있다. 아울러 구글 트렌드의 경우 2004년 이후의 자료를 분석한 것으로 장기간의 추세를 분석하기에 한계가 있으며, 구글 등 인터넷을 사용하는 사람들이 전체 인구의 선호를 대표할 수 있는가에 대한 한계도 있다.

정보는 정부 의제 설정 또는 의사결정에 중요한 역할을 한다. 그동안은 언론보도, 연구보고서, 여론조사결과 등 중간매체가 정보를 생산·확산하는 역할을 하고, 이에 영향을 받아 정부의제가 설정되는 것으로 보았다. 빅데이터 시대에서는 정보보조의 도움 없이도 일반 대중의 관심이 정부에 직접 영향을 줄 수 있고, 정부는 빅데이터를 활용하여 일반 대중의 관심을 파악할 수 있게 된다. 검색어 기반의 구글 독감 트렌드 모델이 그 예가 될 수 있다. 이러한 빅데이터의 정책환경변화에서 정부 의사결정을 어떻게 할 것인지에 대해 신종플루 사례를 중심으로 소개한다.

3. 빅데이터와 재난위기단계

1) 사회적 관심의 데이터화

정부 의사결정에 사회적 관심을 고려할 수 있다면 정책 대응의 적시성과 대응성을 제고할 수 있을 것이다. 특히 국민의 생명과 재산에 지대한 영향을 미치는 재난의 경우 더욱 그러한 노력이 필요하다. 현행 '관심

→ 주의 → 경계 → 심각'의 감염병 위기단계는 표본감시방식으로 수집된 정보를 활용하여, 위기관리 표준매뉴얼[12]에 따라 해외 유입, 국내환자 발생, 타 지역으로 전파 등 재난발생과 지역확산을 중심으로 결정된다. '관심' 단계는 해외에서 신종 감염병이 발생하거나 국내의 원인불명의 감염환자가 발생한 경우에 이루어지며, '주의' 단계는 해외에서의 신종 감염병이 국내로 유입되거나 국내에서 신종 감염병이 발생한 경우에 발령하게 된다. '경계' 단계는 해외 신종 감염병이 국내에 유입된 후, 타지역으로 전파되거나 국내 신종 감염병이 타 지역으로 전파된 경우에 발령하며, '심각' 단계는 감염병이 전국적으로 확산 징후를 보일 때 발령하게 된다. 특히 이 단계의 의사결정은 "인명 피해 정도가 매우 크거나 재난의 영향이 사회적·경제적으로 광범위한 경우, 보건복지부 장관의 건의를 받아 중앙재난안전대책본부가 인정할 때"[13] 이루어지게 된다. 하지만 매뉴얼의 판단 기준이 포괄적일 뿐만 아니라 사망자 수, 바이러스 검출률 등 정량적 기준만을 경직되게 적용하여 위기단계 결정에 국민정서가 반영되지 못하는 한계가 있다. 지난 메르스 사태 당시 국민들의 우려가 높았으나, 위기단계는 국민정서를 반영하지 못한 채 주의단계에 머물렀던 것이 이러한 한계점의 사례[14]라고 할 수 있다. 따라서 표본감시방식으로 수집되는 전통적 재난정보와 국민들이 느끼는 현저성을 반영할 수 있는 빅데이터 자료를 결합할 수 있다면, 종전에는 파악할 수 없었던 부분으로 분석을 확장하고 새로운 영역에 대한 해석이 가능(한신갑, 2015: 177) 할 것이라고 본다.

이를 위해 재난위기단계 결정에 빅데이터를 활용함으로써 사회적 인식과 정부 대응 간의 간격을 최소화하고, 정책결정의 타이밍을 최적화

---

12 행정안전부·보건복지부(2012).

13 재난 및 안전관리 기본법 시행령 제13조.

14 〈머니투데이〉(2015. 7. 29). 재난위기경보단계에 국민공포감 반영한다. 메르스사태 계기 '위기경보단계' 격상 결정에 안전처 역할 강화 추진.

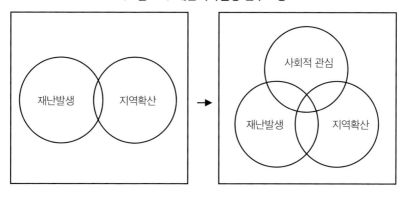

〈그림 4-1〉 재난의사결정 연구모형

하기 위한 탐색으로 〈그림 4-1〉의 모형을 설정하였다. 왼쪽 벤다이어 그램은 재난위기단계 결정에 대한 기존 방식으로, 재난발생과 지역확산에 따라 정부는 '관심 → 주의 → 경계 → 심각'의 의사결정을 하게 된다. 본 연구의 분석대상인 신종플루의 경우, 발생현황은 1차 진료를 담당하는 소아청소년과 · 내과 · 가정의학과 의원 중 시도별 인구수를 기준으로 지정하는 700여 개 표본감시 의료기관이 주간 단위로 보고하는 인플루엔자 의사 환자 수로 추정한다. 표본으로 수집된 인구 천 명당 인플루엔자 의사 환자 수를 중요 기준으로 삼아 인플루엔자 유행 정도를 보건 당국이 판단하게 되는 것이다.

표본정보를 활용하는 전통적 방식은 재난에 대한 사회적 관심을 고려할 수 없기 때문에, 일반 대중이 인지하는 심각성을 반영할 수 없는 한계가 있다. 예를 들어 지난 2015년 5월말에 발생한 메르스의 경우, 사회적 관심[15]이 세월호 사건(2014년 4월), 연평도 포격(2010년 11월), 구제역(2010년 12월), 신종플루(2009년 9월) 때보다 월등히 높았으나, 정부는 지역확산이 없다는 이유로 감염병 위기단계를 '주의' 수준으로 유지하였

---

15 구글 트렌드(www.google.com/trends/)에서 2015년 9월 30일에 분석한 자료로, 가장 높은 관심을 100으로 기준할 때, 메르스 100, 세월호 66, 연평도 60, 구제역 17, 신종플루 11이었다.

다. 정책 현저성과 사회적 관심이 높다는 것은 어떤 사건이나 정책문제에 대한 정부의 적극적인 역할을 기대하는 척도가 될 수 있으나, 메르스의 경우 사회적 관심과 정부 의사결정 간에 괴리[16]가 발생한 것이다.

구글 트렌드에서 나타난 사회적 관심을 재난위기단계 결정에 반영하여 의사결정을 더욱 정교히 하고자 시도해 보았다. 〈그림 4-1〉의 왼쪽 벤다이어그램을 보면, 재난발생과 지역확산에 따라 총 4개(22가지)의 조합이 가능하다면, 사회적 관심을 추가한 오른쪽 벤다이어그램에서는 총 8개(23가지)의 결합조합이 가능하게 되어, 새로운 의사결정 영역이 생기고 기존 의사결정의 사각지대를 더욱 세밀하게 메울 수 있게 된다.

종전에는 사회적 관심을 어떻게 측정할 것인가에 대해 언론매체의 보도내용 등을 기준으로 삼았다. 미디어 의제(media agenda)와 공중의제(public agenda)가 상호 관련되어 있다는 의제 설정 가설을 검증한 McCombs와 Shaw(1972)의 연구 이후, 언론매체에서 특정 주제를 강조하면 일반 대중은 이것을 중요한 의제로 지각한다는 것을 실증하는 노력이 있었다. 예를 들어, Hilgartner와 Bosk(1988)는 텔레비전이나 라디오에서 다룬 사건의 시간으로 계량화하거나 신문, 잡지의 경우 게재면적, 기사 수, 기사의 글자 수를 분석하여 계량화할 수 있다고 보았다. Erbring 외(1980)는 신문 1면 기사의 면적을 계량화함으로써 관심도를 측정하였고, Epstein과 Segal(2000)도 〈뉴욕타임스〉(New York Times)의 1면 기사를 분석하여 사회적 관심을 측정하였다. 국내연구에서는 박기묵(2000)이 〈조선일보〉에 게재된 관련 사건의 기사 글자 수를 중심으로 분석한 바 있고, 김성철·박기묵(2006)은 각 이슈와 관련된 기사의 수, 기사 수록 면 등을 포함하는 《뉴욕타임스 인덱스》(New

---

16 당시 문형표 보건복지부 장관은 "메르스는 병원 내 감염현상으로, 환자가 병원에서 감염됐고 지역사회 전파는 발생하고 있지 않기 때문에 경보 수준 격상을 할 필요가 없다"고 하였다. 이에 대해 정치권 등에서는 위기경보 수준 격상을 적극 검토해야 한다고 주장하였다 (2015. 6. 9. 언론보도 종합).

York Times Index)를 사용하여 미국 50대 사회적 이슈를 분석하였다. 양기근(2012)은 〈조선일보〉와 〈한겨레〉에 실린 기사를 키워드로 검색하고, 그 결과에 대한 양적 특성, 언론기사의 정보원, 언론이 가진 프레임을 분석하였다.

박기묵(2000: 154)이 지적하듯이 특정 언론매체가 보도한 사건 관련 기사만을 분석하는 것은 객관성에 문제가 있을 수 있다. 아울러 전통적 언론매체의 이용행태 변화도 고려해야 한다. 종이신문 이용률이 1993년에는 87.8%였으나, 2014년에는 30.7%로 대폭 하락하는 등 전통적 미디어(종이신문, 텔레비전, 라디오, 종이잡지)의 이용률[17]이 대폭 하락한 반면, 인터넷을 통한 미디어 이용률은 75.0%로 대폭 늘어났기 때문이다(언론진흥재단, 2014). 일반 국민이 정보를 취득하는 이러한 변화를 고려하여, 전통적 언론매체의 활용보다는 구글 트렌드에서 나타난 현저성을 사회적 관심으로 반영하였다.

2) 사회적 관심과 재난발생 및 지역확산

사회적 관심과 재난위기단계를 설명하기 위해 질적 비교분석(Qualitative Comparative Analysis: QCA)법을 활용하였다. 이는 불 대수(boolean algebra)와 집합논리(sets logic)를 사용하여 질적 연구와 양적 연구를 체계적으로 통합한 방법론이라 할 수 있다(최영준, 2009; Ragin, 1987; 2008; Rihoux & Marx, 2013; Schneider & Wagemann, 2012). 질적 비교분석방법은 동일한 결과에 도달할 수 있는 여러 원인조건[18]이 존재한다는 동결과성(equifinality)을 강조하며(Ragin, 1987; 2008), 사회현상을 귀납적으로 정리하고 일반적 모형을 찾아가는 방식을 취한다. 질적 비

---

17 종이신문 열독률에 있어서도 2002년 82.1%에서 2014년 30.7%로 대폭 하락하였다.

18 질적 비교분석에서는 변수(variables)라는 용어보다는 집합(sets) 또는 조건(condition)이라는 용어를 사용한다(Ragin, 2014).

교분석은 각 사례가 결과집합에 어느 정도 속하는지에 대한 소속값 (*membership score*)을 부여하게 되며, 퍼지셋에서는 완전히 속하게 되는 1(*full membership*)과 완전히 속하지 않는 0(*non full membership*) 사이의 어느 값을 환산·부여(*calibration*)하게 된다. 원인집합이 결과집합에 충분조건인지 분석하기 위해 원인집합이 결과집합과 일치하는 정도[19]를 말하는 일관성(*consistency*) 계수[20]를 사용한다(Ragin, 2006; 2008).

사회적 관심과 재난발생 및 지역확산이 어떻게 결합되어 재난위기단계 의사결정에 속하게 되는지를 탐색적으로 분석하기 위해 재난위기의 '심각' 단계가 발령되었던 2009~2010년의 신종플루 감염사례를 분석대상으로 하였다. 신종플루의 발생, 지역확산, 그리고 신종플루에 대한 구글 트렌드에서 나타난 인터넷 검색 추이를 단순 비교하였고, 신종플루 발생(Event), 사회적 관심(Google), 지역확산(Diffusion)의 세 가지를 원인조건으로 하고, 주의·경계·심각의 재난위기단계를 결과조건(Outcome)으로 하여 퍼지셋 질적 비교분석(fsQCA)을 하였다.

사회적 관심은 구글 트렌드[21] 사이트를 활용하여 '신종플루' 검색어를 통해 나타난 주(週)별 수치를 사용하였다. 사회적 관심에 대한 퍼지값 환산(Ragin, 2000; 2008)은 구글 트렌드가 제시한 100에 퍼지값 1을, 분기점 0.5(*crossover*)는 구글 트렌드에서 제시한 값의 중간값(*median*)을, 구글 트렌드의 0에 대해서는 퍼지값 0을 부여하였다.

---

19 일관성에 대한 상세한 내용은 이은미 외(2015)의 내용을 참조.

20 본 연구에서는 일관성 계수가 0.8 이상인 경우를 충분조건으로 분석하였다.

21 권치영 외(2014) 및 김민수·구평회(2013)의 경우, 국내 검색 점유율이 높은 네이버의 트렌드 서비스를 활용하였으나 본 연구는 정책결정에 활용하기 위한 탐색적 연구이므로 국외 활용도가 높은 구글 트렌드 기능을 사용하였다. 2007년부터 서비스를 제공한 네이버 트렌드의 경우 국내 인터넷 사용자들이 많이 사용한다는 강점(인터넷 시장조사기관 '닐슨 코리안클릭'에 의하면 2015년 11월 기준 점유율은 네이버 75.4%, 구글 6.3%였다)이 있으며, PC 사용자와 모바일 사용자를 구분하여 서비스를 제공하는 특징이 있다. 한편 구글 트렌드의 경우 2004년 이후의 관련 정보를 제공하고 있으며, 전 세계적 비교분석이 가능한 장점이 있다. 이에 따라 외국 연구결과와 국내 연구결과를 비교하기 쉬운 측면이 있다.

신종플루 발생과 지역확산은 정부의 위기관리 표준매뉴얼에 따라 퍼지값을 부여하였다. 신종플루 발생의 경우, 인플루엔자 유행 여부를 판단하는 기준인 '인플루엔자 의사 환자' 분율[22]이 0명인 경우 퍼지값 0을, 유행기준인 2.6명에 퍼지값 0.5를, 분석대상 기간 중 최댓값인 45.0명을 퍼지값 1로 하였다. 신종플루 지역확산은 인플루엔자 의사 환자 분율이 유행기준[23] 2.6명을 넘는 광역 지방자치단체를 기준으로 하여, 16개 시·도 모두가 2.6명을 초과하는 경우 퍼지값 1을, 8개인 경우 퍼지값 0.5를, 없는 경우 퍼지값 0을 부여하였다.

4. 빅데이터의 활용가능성

1) 신종플루 확산과 사회적 관심

2009년 초, 인플루엔자 A(H1N1, 이하 '신종플루'라 한다)가 멕시코와 미국에서 발생함에 따라 세계보건기구(WHO)는 2009년 4월 28일 인플루엔자 대유행 경보(*pandemic alert*)를 3단계에서 4단계로 격상하였고, 4월 29일에는 5단계로 상향 조정하여 전 세계적인 대유행 가능성을 경고하였다(보건복지부, 2009b). 우리나라의 경우 멕시코에 봉사활동을 다녀온 50대 여성이 신종플루 의심환자로 처음 보고되면서 보건복지부는 2009년 4월 28일 전염병 위기단계를 '관심'에서 '주의' 단계로 상향 조정하였다(보건복지부, 2009a). 그 후 감염경로가 확인되지 않은 사례가 학교를 중심으로 계속 발병하였고, 유학생 귀국 및 하계휴가 등으로 해외로부터 지속적으로 환자가 유입되면서 7월 21일 보건복지부는 전염

---

22 인플루엔자 의사 환자 분율(천분율) = 인플루엔자 의사 환자 수 / 총 진료환자 수 × 1000

23 질병관리본부(2009년)에서 인플루엔자 유행 여부를 판단하는 기준을 2.6명으로 제시하였다. 유행판단기준은 그 후 계속 변경되었고, 2015~2016년에는 그 기준이 11.3명이다.

병 위기단계를 '경계' 단계[24]로 상향하였다(보건복지부, 2009d).

8월 초, 태국 여행을 다녀온 50대 남성이 신종플루 감염으로 8월 15일 최초 사망하였고, 해외 여행력이나 확진 환자 접촉력이 없던 60대 여성이 신종플루 확진 이후 급성호흡곤란증후군으로 8월 16일에 두 번째로 사망하였다(보건복지부, 2009e). 이후 10월 말까지 신종플루로 40명이 사망하였고, 10월 셋째 주(10월 18일~10월 24일)에는 인플루엔자 의사 환자 분율[25]이 종전 최고 수준[26]이었던 17.63을 넘은 20.29를 기록하는 등 전국적으로 증가하였다. 10월 넷째 주(10월 25일~11월 1일)에는 인플루엔자 유행지수가 41.73에 도달,[27] 울산광역시의 경우 인플루엔자 유행지수가 81.66까지 상승하기도 하였다. 신종플루 감염자가 하루 만 명에 육박하였고, 거점병원들이 대부분 포화상태가 되어 정부에서는 전염병 위기단계를 '심각'으로 격상하는 것을 검토하기 위해 민간자문단 회의를 열어 전문가의 의견을 구하였으나(10월 30일), 전염병 위기 심각단계 결정은 11월 3일에 이루어졌다. 한편 10월 21일에는 성인 백신이 허가되었고, 10월 27일부터는 의료진 예방접종이 시작되었다.

신종플루가 전국적으로 〈그림 4-2〉와 같이 확산됨에 따라, 정부는 전염병 위기단계를 '심각'으로 상향 조정하였고, 중앙재난안전대책본부를 행정안전부에 설치하였다(보건복지부, 2009f). 11월 11일부터는 학생을 대상으로 예방접종을 실시하였고, 11월 18일부터는 만 3세 이상

---

24 세계보건기구가 신종플루 유행경보(*pandemic alert*)를 최고단계인 6단계로 6월 11일 격상하였으나, 보건복지부는 국내 신종플루 환자의 대부분이 해외 유입 및 제한된 범위의 긴밀한 접촉자이며, 지역사회 전파가 발생하지 않은 상황임을 고려하여 전염병 위기단계를 '주의' 단계로 유지하였다(보건복지부, 2009c). '주의' 단계를 유지하면서 보건복지부는 중앙인플루엔자 대책본부를 설치하였고, 질병관리본부 및 국립검역소의 24시간 비상방역체계를 가동하였다(보건복지부, 2009c).

25 표본감시의료기관(2009년 10월 1일 기준 전국 817개소) 외래 환자 천 명당 인플루엔자 유사 증상자 수('09~'10 절기 유행주의보 기준: 2.6명).

26 '08~'09년 절기 최고치.

27 인플루엔자 유행지수는 11월 첫째 주(11월 1일~11월 7일)에 44.96으로 최고점에 도달하였다.

〈그림 4-2〉 신종플루 확산과 위기단계

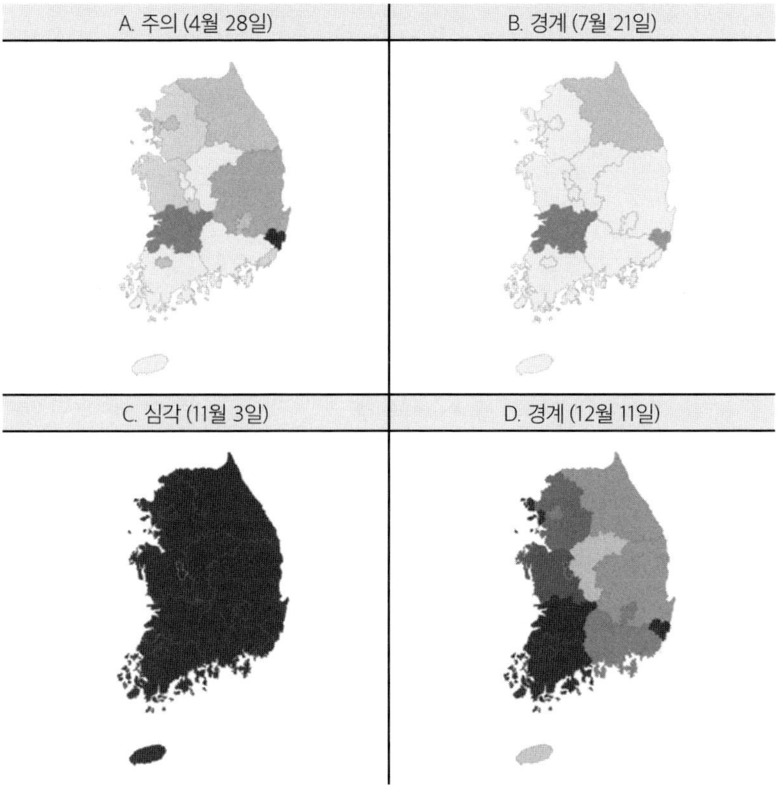

| A. 주의 (4월 28일) | B. 경계 (7월 21일) |
| C. 심각 (11월 3일) | D. 경계 (12월 11일) |

미취학 아동에 대한 예방접종예약을 시작하였다. 11월 말부터는 인플루엔자 유행지수가 차츰 감소 추세를 보이기 시작했으며, 신종플루 예방접종이 순조롭게 진행되면서 12월 11일부터 전염병 위기단계를 '심각'에서 '경계' 단계로 하향 조정하였다. 이에 따라 행정안전부에 설치하였던 중앙재난안전대책본부를 보건복지부 내의 중앙인플루엔자 대책본부로 재편하였다(보건복지부, 2009g). 2010년 3월 8일에는 신종인플루엔자 의사 환자 분율이 연속 감소하는 등 각종 지표가 호전됨에 따라 전염병 위기단계를 '경계'에서 '주의' 단계로 하향 조정하였다.

신종플루에 대한 구글 트렌드에서의 사회적 관심은 절정에 도달한 후 다시 상승하는 반복형(김성철·박기묵, 2006: 284)으로 나타났다.

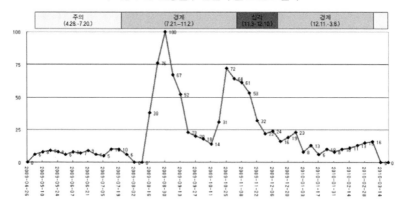

* 구글 트렌드를 활용하여 2009년 4월~2010년 3월 기간의 '신종플루' 검색 통계를 0~100으로 나타낸 것이다.

신종플루에 관한 사회적 관심은 의심환자가 처음 발생한 4월 28일 이후 일정 수준으로 하향 유지되다가, 신종플루 첫 사망자가 발생한 8월 중순부터 상승하여 8월 30일에서 9월 5일 사이에 〈그림 4-3〉과 같이 최고 수준을 나타냈다. 8월 말에는 개학을 맞이하여 학교 단위에서의 감염이 계속 늘어나는 등 신종플루 감염환자가 5천 명을 넘었으며 보건복지부가 신종플루 유행규모를 입원환자 10만~15만 명, 사망자 1만~2만 명으로 추정한 것을 국회에 보고(8월 27일)하여 불안이 야기되기도 했다. 정부는 전염병 위기단계를 경계에서 '심각'으로 격상하는 방안을 검토(9월 4일)하기도 하였으나, 실제 '심각' 단계로의 조정은 11월 초에 이루어졌다. 10월 중순까지 사회적 관심은 줄어들었으나, 신종플루가 전국적으로 확산된 10월 중순 이후 다시 급격히 상승하여 10월 말에 2차 최고점에 도달하였다. 이후 사회적 관심은 신종플루 예방접종이 확대되고, 의심환자 수가 점차 줄면서 사회적 관심이 점차 하락하는 추세를 보였다.

2) 빅데이터와 사회과학적 논의

사회적 관심과 재난의사정책결정의 결합관계를 살펴보기 위해 구글 트렌드에서 검색결과, 신종플루 발생, 지역확산을 원인조건으로 하여, 재난위기단계 결정에 대한 충분조건[28]을 퍼지셋 질적 비교분석을 활용하여 분석하였다.

3개 원인조건의 퍼지값 분포를 살펴보면 8월 중순 이후부터 사회적 관심, 신종플루 발생, 지역확산의 퍼지값이 공통으로 0.5를 넘었으며, 사회적 관심은 최고치를 나타냈다. 10월 말경에는 신종플루 발생, 지역확산의 퍼지값이 최고치에 달했고, 사회적 관심도 높은 수준을 나타냈다. '심각' 단계에서는 지역확산은 최고 수준이었으나, 신종플루 발생과 사회적 관심은 하강 추세를 보였다. 이러한 결과는 '심각' 단계의 정부 의사결정 이전에 재난 관련 지표가 최고점에 도달하였고, 사회적 관심 역시 높은 수준을 나타낸 것으로, 정부 의사결정의 적시성을 높일 필요가 있었음을 보여 준다.

〈그림 4-4〉 사회적 관심 · 신종플루 발생 · 지역확산의 퍼지값 분포

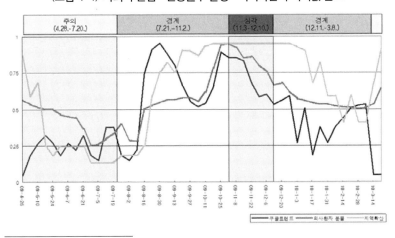

---

28 퍼지셋 질적 비교분석의 적합도를 나타내는 일관성을 0.8 이상(Ragin, 2008)을 충분조건으로 보았다.

<表 4-1> 재난위기단계별 결합조건

위기단계	결합조건	raw coverage	unique coverage	consistency
주의	~Google × ~Diffusion	0.668236	0.279536	1.000000
	~Google × Event	0.418536	0.029836	1.000000
	solution coverage: 0.698073			
	solution consistency: 1.000000			
초기경계	Google × Event	0.489093	0.350207	1.000000
	~Google × ~Event × ~Diffusion	0.256713	0.117827	1.000000
	solution coverage: 0.606920			
	solution consistency: 1.000000			
심각	Google × Event × Diffusion	0.761100	0.761100	1.000000
	solution coverage: 0.761100			
	solution consistency: 1.000000			
후기경계	Event	0.789758	0.789758	0.996628
	solution coverage: 0.789758			
	solution consistency: 0.996628			

신종플루 발생 및 확산과 사회적 관심에 대한 결합관계를 재난위기단
계별로 퍼지셋 분석한 결과,[29] 주의 · 경계 · 심각 단계별로 충분조건에
차이가 있었다. 먼저 '주의' 단계에서는 상대적으로 설명력(*coverage*)[30]
이 높은 '~Google × ~Diffusion + ~Google × Event'의 두 가지 결합
조건이 제시되었다. 이는 사회적 관심이 높지 않고(~Google), 지역 내
확산도 높지 않은 경우(~Diffusion)와 사회적 관심은 높지 않으며 신종
플루 발생이 높은 경우를 나타낸다. '초기경계' 단계에서는 'Google ×
Event + ~Google × ~Event × ~Diffusion'의 결합조건이 제시되었다.
이것은 사회적 관심이 높고 신종플루 발생이 높은 경우(Google × Event)

---

29 웹사이트(http://www. compass. org)에서 다운로드 받은 fsQCA 2. 0 프로그램을 이용하
여 도출하였다.

30 퍼지셋에서 사용하는 설명력은 특정 원인조건의 결합이 결과조건을 설명해주는 정도
(*degree*)를 나타낸다. 양적 분석에서 독립변수와 종속변수 간의 관계를 표현하는 계수
(*coefficient*)와 비슷한 개념이나 퍼지셋의 설명력은 +, -의 방향성을 나타내지는 않는 차
이가 있다.

〈그림 4-5〉 재난위기단계별 벤다이어그램

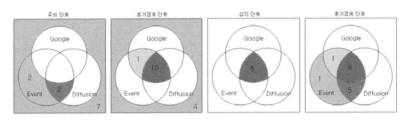

와 사회적 관심·신종플루 발생·지역확산 모두가 높지 않은 경우(~
Google × ~Event × ~Diffusion)를 의미한다. 그리고 '심각' 단계는 사회
적 관심·신종플루 발생·지역확산 모두가 높은 경우(Google × Event ×
Diffusion), '후기경계' 단계에서는 신종플루 발생이 높은 경우가 결합조
건으로 〈표 4-1〉과 같이 제시되었다.

　재난위기단계별 결합조건에 대한 이해를 돕기 위해, 이를 벤다이어
그램으로 나타내면 〈그림 4-5〉[31]와 같다. 각 그림에서 별색표시된 부분
이 충분조건에 해당하는 결합조건이다. 첫 번째 벤다이어그램은 '주의'
단계로 신종플루 발생이 많은 경우가 충분조건으로 표시되었다. 이는
재난 초기단계에서 신종플루 발생 자체가 '주의' 단계 의사결정의 주요
한 요인이 되는 것을 보여 주는 것이다. 두 번째 '초기경계' 단계의 벤다
이어그램은 사회적 관심과 신종플루 발생이 결합되어 나타나고, 세 번
째 벤다이어그램인 '심각' 단계에서는 사회적 관심, 신종플루 발생, 지
역확산이 공통적으로 결합되어 표시된 것을 알 수 있다. 마지막 그림인
'후기경계' 단계에서는 신종플루 발생이 충분조건으로 제시되었다.

　요컨대, 주의 → 초기경계 → 심각 → 후기경계의 재난위기단계는 신
종플루 발생 → 신종플루 발생과 사회적 관심의 집중 → 사회적 관심 ×
신종플루 발생 × 지역확산의 결합 → 신종플루 발생으로 진행되었다.
이는 특정 사건이 발생하고, 이에 대한 사회적 관심이 증폭되며 전국적

---

31 벤다이어그램에 표시된 숫자는 결합조건에 해당하는 사례의 수를 말한다.

으로 확산되는 모습을 보인 것으로, 사회적 관심이 재난위기단계 결정의 선행요건으로서의 역할을 일정 부분 할 수 있음을 시사하는 것이다.

5. 함의 및 시사점

구글 트렌드의 빅데이터에서 나타난 사회적 관심과 전통적 방식으로 수집되는 재난현상 정보가 어떻게 결합되어 정부 의사결정에 활용될 수 있는지를 살펴보았다.

구글트렌트에서 나타난 사회적 관심의 변화 추이는 정책결정자에게 정책 현저성을 쉽고 편리하게 제공하는 역할을 할 수 있고, 나아가 정책현상의 변화를 선제적으로 파악할 수 있게 하는 기능을 수행할 수 있음을 보여 준다. 주(週) 단위로 수집되는 인플루엔자 관련 표본자료에 대한 보완적 정보를 구글 트렌드가 제공하였고, 때에 따라서는 정부 당국이 파악하기 이전의 인플루엔자 확산을 선행적으로 제시하기도 하였다. 구글 트렌드가 보여 주는 컴퓨터 연산으로서의 알고리즘적 분석과 인간의 정책현상에 대한 해석이 대립하기보다는 서로 결합되어 효과를 발휘할 수 있다는 것을 보여 주는 것이다(이재현, 2013: 136).

이 장은 표본감시방식으로 수집되는 전통적 재난관리방식에 빅데이터 자료를 어떻게 결합할 수 있는가에 대한 탐색적 연구로서 그 의미가 있을 것이다. 나아가 일반 대중이 중간매체의 도움 없이도 그 선호와 의사를 정부 의사결정에 반영할 수 있는 가능성을 찾아보았다는 데도 의의가 있을 것이다. 하지만 다음과 같은 한계 역시 내포하고 있다. 우선, 제한된 기간에 한정하여 관련 인터넷 검색어로부터 사회적 관심을 추출한 것이므로, 향후 인터넷 검색어의 범위를 넓히고, 재난과 관련된 다양한 현실지표와 다각적으로 비교하는 노력이 보강되어야 할 것이다. 구글 트렌드와 같이 인터넷 검색어를 기준으로 재난대응 의사결정을 할 수 있는가에 대해서는 단기간의 연구만으로 답을 구할 수 있는 것이 아니며, 기존 의사결정 정보와의 계속적인 융합분석이 지속되어야 할 것이다.

아울러, 구글 트렌드가 제공하는 정보가 대표성이 있는가에 대해서도 보강되어야 한다. 구글 트렌드의 자료는 인터넷 사용자라는 특정한 범주의 자료이며, 계층 간 인터넷 활용도의 차이도 고려되어야 한다. 그리고 우리나라의 경우 네이버 검색이용률이 70% 이상으로 다수인 점을 고려해, 구글 트렌드 결과가 대표성을 가질 수 있는가에 대해서도 검토되어야 할 것이다. 또한 빅데이터가 제안하는 의사(疑似) 상관관계를 현상과 무비판적으로 결부시키는 결과가 발생하지 않도록 이론, 자료, 연구방법, 해석이 더욱 정교하고 세밀해질 필요가 있다. 향후, 본 논의가 최근 화두가 되는 빅데이터의 사회과학적 활용에 대한 다양한 시도를 하는 데에 기여할 수 있기를 다시 한 번 기대한다.

참고문헌

구평회 · 김민수(2013), 인터넷 검색추세를 활용한 빅데이터 기반의 주식투자 전략에 대한 연구, 〈한국경영과학회지〉, 38(4), 53~63.

권치명 · 황성원 · 정재운(2014a), 실업률 예측을 위한 인터넷 검색 정보의 활용, 〈한국시뮬레이션학회논문지〉, 24(2), 31~39.

_____(2014b), 인터넷 검색어를 활용한 계절적 유행성 독감 발생 감지, 〈한국시뮬레이션학회논문지〉, 23(4), 31~39.

김성철 · 박기묵(2006), 사회적 이슈에 대한 언론의 관심도와 정책결정에 관한 연구, 미국의 50대 사회적 이슈를 중심으로, 〈한국행정연구〉, 15(4), 271~298.

김용대 · 조광현(2013), 빅데이터와 통계학, 〈한국데이터정보과학회지〉, 24(5), 959~974.

노화준(2012), 《정책학원론》(개정판), 박영사.

박기묵(2000), 사회적 사건의 생존주기유형의 정립, 〈한국행정학보〉, 34(3), 143~167.

_____(2006), 미국과 우리나라의 대기오염, 수질오염, 폐기물이슈의 생존주기 비교, Anthony Downs의 생존주기모형의 실증적 적용, 〈지방정부연구〉, 9(4), 233~251.

보건복지부 보도자료(2009. 4. 28), 국내 처음 돼지인플루엔자 인체감염증 의심환자 발생에 따라 국가재난단계를 관심 → 주의로 상향조정.

_____(2009. 4. 30), WHO 대유행단계 격상에 따른 국내SI관리 강화.

_____(2009. 6. 12), WHO 신종인플루엔자 대유행 선언, 지역사회 전파 없어 주의단계 유지, 백신비축 등 대유행대비 강화.

_____(2009. 7. 21), 신종인플루엔자 지역사회감염증가에 따른 국가전염병위기단계 상향조정 및 봉쇄차단에서 피해최소화로 대응정책 전환.

_____(2009. 8. 16), 신종플루엔자A(H1N1) 관련 사망자 발생.

_____(2009. 11. 3), 중앙재난안전대책본부 설치 요청, 중증환자 비상대응 강화, 학교예방접종 조기 완료, 신종플루 전염병 경보단계를 심각으로 조정.

_____(2009. 12. 10), 신종인플루엔자 위기단계 경계로.

양기근(2012), 구제역 위기 언론 보도 분석, 언론보도의 양적 특징, 프레임 및 내용 분석을 중심으로, 〈한국위기관리논집〉, 8(6), 83~105.

언론진흥재단(2014), 2014 언론수용자 의식조사.

오철호(1998), 정책결정 과정에서의 정보사용에 대한 합리모형 비판, 〈한국정책학회보〉, 7(2), 195~228.

_____(2005), 정책문제정의와 정보활용, 제도의 인과성에 대한 탐색, 〈한국정책학회보〉, 14(1), 329~358.

유홍준(2000), 정보화에 따른 조직구조의 변화, 〈한국사회학회〉, 113~133.

윤상오(2013), 빅데이터의 위험유형 분류에 관한 연구, 〈한국지역정보화학회지〉, 16(2), 93~122.

이윤식(1990), 정보관리와 정책과정-정책과정에 있어서 정보관리의 역할과 한계, 〈한국행정학보〉, 24(2), 693~718.

이은미・이은국・고기동(2015), 지방자치단체 정책 확산의 상이성 비교연구, 〈한국정책학회보〉, 24(2), 213~233.

이재현(2013), 빅데이터와 사회과학, 〈커뮤니케이션 이론〉, 9(3), 127~165.

정정길・최종원・이시원・정준금・정광호(2010), 《정책학원론》, 대명출판사.

최영준(2009), 사회과학에서 퍼지셋 활용의 모색, 퍼지 이상형 분석과 결합 요인 분석을 중심으로, 〈정부학연구〉, 15(3), 307~337.

한국정보화진흥원(2012), 빅데이터로 진화하는 세상, 빅데이터 글로벌 선진사례, 한국정보화진흥원 빅데이터 연구센터.

한신갑(2015), 빅데이터와 사회과학하기, 자료기반의 변화와 분석전략의 재구상, 〈한국사회학〉, 49(2), 161~192.

행정안전부·보건복지부(2012), 감염병 위기관리 표준매뉴얼.

Anderson, C. (2008), The End of Theory, The Data Deluge Makes the Scientific Method Obsolete, *Wired Magazine*, 16~17.

Boyd, D. & Crawford, K. (2012), Critical Questions for Big Data, Provocations for A Cultural, Technological, and Scholarly Phenomenon, *Information, Communication & Society*, 15(5), 662~679.

Cobb, R. & Elder, C. D. (1983), What Is An Issue? What Makes An Issue, *Participation in American Politics, the Dynamics of Agenda Building*, 82~93.

Cook, S. et al. (2011), Assessing Google Flu Trends Performance in the United States During the 2009 Influenza Virus A (H1N1) Pandemic, *PloS One*, 6(8), e23610.

Daft, R. L. & Lengel, R. H. (1986), Organizational Information Requirements, Media Richness and Structural Design, *Management Science*, 32(5), 554~571.

Downs, A. (1972), Up and Down with Ecology-the Issue Attention Cycle, *Public Interests*, 28(2), 38~50.

Epstein, L. & Segal, J. A. (2000), Measuring Issue Salience, *American Journal of Political Science*, 41(1), 66~83.

Erbring, L., Goldenberg, E. N., & Miller, A. H. (1980), Front-Page News and Real-World Cues, A New Look at Agenda-Setting by the Media, *American Journal of Political Science*, 24(1), 16~49.

Ginsberg, J., Mohebbi, M. H., Patel, R. S., Brammer, L., Smolinski, M. S., & Brilliant, L. (2009), Detecting Influenza Epidemics Using Search Engine Query Data, *Nature*, 457(7232), 1012~1014.

Gorry, G. A. & Morton, M. S. S. (1971), A Framework for Management

Information Systems, *Massachusetts Institute of Technology*, 13, 1~33.

Hilgartner, S. & Bosk, C. L. (1988), The Rise and Fall of Social Problems, A Public Arenas Model, *American Journal of Sociology*, 53~78.

Huber, G. P. (1984), The Nature and Design of Post-Industrial Organizations, *Management Science*, 30(8), 928~951.

Kingdon, J. (2003), *Agendas, Alternatives, and Public Policies*, Longman Classics in Political Science.

Lazer, D., Kennedy, R., King, G., & Vespignani, A. (2014), The Parable of Google Flu, Traps in Big Data Analysis, *Science*, 343(14 March), 3~21.

Mayer-Schönberger, V. & Cukier, K. (2013), *Big Data, A Revolution That Will Transform How We Live, Work, and Think*, Houghton Mifflin Harcourt.

McCombs, M. E. & Shaw, D. L. (1972), The Agenda-Setting Function of Mass Media, *Public Opinion Quarterly*, 176~187.

Mckinsey Global Institute(2011), Big Data, the Next Frontier for Innovation Competition and Productivity.

Mellon, J. (2013), Where and When Can We Use Google Trends to Measure Issue Salience?, *Political Science & Politics*, 46(2), 280~290.

_____(2014), Internet Search Data and Issue Salience, The Properties of Google Trends as A Measure of Issue Salience, *Journal of Elections, Public Opinion & Parties*, 24(1), 45~72.

Ragin, C. C. (1987), *The Comparative Method, Moving Beyond Qualitative and Quantitative Strategies*, Berkeley: University of California Press.

_____(2000), *Fuzzy-Set Social Science*, Chicago: University of Chicago Press.

_____(2008), *Redesigning Social Inquiry, Fuzzy Sets and Beyond*, Chicago: University of Chicago Press.

Ragin, C. C. & Amoroso, L. M. (2010), *Constructing Social Research, The Unity and Diversity of Method*, SAGE Publications.

Rihoux, B. & Axel, M. (2013), QCA, 25 Years After The Comparative Method Mapping, Challenges, and Innovations-Mini-Symposium, *Political Research Quarterly*, 66(1), 167~235.

Ripberger, J. T. (2011), Capturing Curiosity, Using Internet Search Trends to Measure Public Attentiveness, *Policy Studies Journal*, 39(2), 239~259.

Schneider, C. Q. & Claudius, W. (2012), *Set-Theoretic Methods for the Social Sciences*, Cambridge University Press.

Shenk, D. (1998), *Data Smog, Surviving the Information Glut*, Harper San Francisco.

Simon, H. A. (1965), *The Shape of Automation for Men and Automation*, New York: Harper & Row, Publishers.

_____(1973), Applying Information Technology to Organization Design, *Public Administration Review*, 33 (3), 268~278.

3부
빅데이터와 정책방안

05

빅데이터 시대의 데이터 공공재: 대안적 개념의 모색

황주성*

1. 빅데이터 시대와 데이터 공공재

빅데이터 시대가 도래하고 있다. 네트워킹을 통한 컴퓨팅 파워의 폭발적 증대로 이제 더는 중앙처리장치(CPU)가 중추가 되던 시대, 다시 말해, '인텔 인사이드'(Intel Inside)의 시대는 아니게 된 것이다. 월마트의 실시간 재고관리와 아마존의 도서추천, 타깃(Target)의 맞춤형 광고, 볼보의 신차 결함분석 등 빅데이터는 기업 제품의 성능 개선과 마케팅을 위한 핵심 자원이 되고 있다. 뿐만 아니라, 구글 독감 트렌드, 범죄 예측시스템, 최적의 교통시스템 설계 등 공공부문에서도 빅데이터는 지금까지는 상상할 수 없었던 혁신적인 아이디어들을 실현하고 있다. 웹 2.0의 기본원칙으로 회자되는 '데이터 인사이드'(Data Inside)가 현실이 되고 있는 것이다. 인터넷 세상에서 가치창출의 핵심으로 작용하는 자원이 더는 중앙처리장치도 저장공간(storage)도 네트워크(network)도 아니게 된 것이다. 데이터의 수집과 처리를 통한 추론적 판단이 가치창출을 위해서는 가장 중요하다.

---

* 황주성: 서울과학기술대학교 IT정책전문대학원 부교수

바로 이러한 관점에서 2009년 이후 미국과 영국 등 주요 선진국의 정책어젠다로 추진되어온 공공데이터 개방정책(Open Government Data: OGD)은 매우 중요한 의미를 갖는다. OGD는 미국의 오바마 정부가 공공부문이 보유한 데이터를 개방하겠다는 정책의지를 천명함으로써 시작된 정책이다. 하지만 그 뿌리는 이미 2000년대 초반에 EU의 공공정보 재활용정책(Public Sector Information: PSI)에 기반하고 있다. 공공정보 재활용정책은 공공기관이 보유한 정보 중 민간데이터 산업의 수요가 높은 정보를 최소한의 비용으로 개방함으로써 경제적 파급효과를 높이려는 의도에서 시작된 것이다.

데이터의 산업 및 공익적 활용을 위한 정책적 노력이 강화되고 있으나, 정말 사회 전반적으로 필요와 수요가 높은 데이터들이 충분히 개방되고 있는가에 대한 검토가 이루어져야 한다. 공공데이터 개방의 양적 실적은 눈에 띄게 늘었지만, 질적인 부문과 정치적·경제적·사회적 효과 측면은 아직도 의문이 많기 때문이다. 또 하나 중요한 점은 공공데이터뿐만 아니라 민간부문이 보유한 데이터 중에서도 대중이 필요로 하는 것이 많다는 점이다. 실제 공공데이터를 민간기업이 활용하는 경우에도 애초에 그것만으로 의도했던 가치를 구현하기 어려운 경우가 많다. 공공데이터 사업의 성패는 공공부문이 보유한 데이터에 의해 결정되기보다는 그것과 민간부문의 데이터 등이 합해질 때, 가치를 발휘할 수 있는 것이다. 지금까지 데이터에 대한 새로운 인식과 활용을 위한 준비가 민간부문에서는 빅데이터, 공공부문에서는 공공데이터로 나뉜 채 별개로 논의되어 왔다. 하지만 공공과 민간을 막론하고 우리 사회가 데이터를 경제적·사회적 가치창출의 핵심 기재로 사용할 수 있도록 하는 근간, 즉 데이터 공공재를 조성하기 위한 기반을 충분히 갖추었는지에 대해 통합적 관점에서 검토할 필요가 있다.

이 장은 디지털 공공재(*digital public goods*)라는 개념에서 이 문제에 접근하고자 한다. 공공재란 비경합성과 비배제성을 갖는 재화를 말한다. 비경합성이란 도로나 항구처럼 한 소비자의 사용이 다른 소비자의 효용을 감소시키지 않는 것을 의미한다. 비배재성이란 공기나 공원처럼 법적으로는 물론 사실상 어느 누구의 사용도 배제할 수 없다는 의미이다. 이러한 특성으로 공공재는 정부에 의해 재정적으로 생산되고 또 분배된다. 디지털 재화의 경우 비경합성과 비배재성을 갖는다. 검색이나 이메일 서비스를 예로 생각하면 명확하다. 하지만 대부분 이런 서비스는 정부가 아닌 민간에 의해 제공되고 있다(Bernholz et al., 2013). 반드시 제공의 주체가 정부여야 한다는 것은 아니지만, 최소한 사회구성원이라면 누구나 기본적으로 누려야 하는 인터넷 서비스와 콘텐츠를 준비할 필요가 있다. 최근 넷문디알[1]에서 인터넷에 대한 접근을 인간의 기본권으로 상정하자는 주장이 제기된 바 있다. 디지털 재화의 경우 어디까지를 공공재, 어디서부터를 사적재로 정해야 하는지에 대한 심도 있는 고민이 필요하다.

디지털 공공재는 크게 3개의 하위유형으로 구분될 수 있다(Bernholz et al., 2013). 첫 번째는 디지털 인프라로 인터넷의 물리적 계층을 의미한다. 이와 관련된 정책적 이슈는 인터넷의 설계와 관련된 망중립성, 오픈소스, 보편적 접속 등이 있을 것이다. 두 번째는 디지털 데이터로 이와 관련된 공공정책은 어떠한 콘텐츠에 접근할 수 있는가에 집중되어 있다. 즉, 데이터의 소유권과 개인정보에 대한 접근이 핵심 이슈가 될 것이다. 마지막으로 소셜 네트워크를 통한 관계망과 참여이다. 여기에서는 프라이버시와 국가안보, 그리고 표현의 자유 등이 이슈가 될 것이다. 지금까지 인터넷과 관련된 공공재 논의는 주로 네트워크 및 그에 대한 접근에 초점이 맞추어졌다. 디지털 디바이드에 관한 논의 역시 접근에서 출발하였다. 하지만 접근만으로 인터넷의 궁극적인 가치가 공유되기 힘들며, 디지털 디바이드 정책도 활용으로 초점을 옮겨야 한다는

---

1 넷문디알(NetMundial)은 2014년 브라질 상파울루에서 열린 인터넷 거버넌스에 관한 회의로 인권을 인터넷 거버넌스의 원칙으로 선언하였다.

주장이 등장한 지 이미 오래다. 바로 이러한 상황을 고려할 때 이제 디지털 공공재에 대한 논의를 디지털 데이터 중심으로 더욱 구체화할 필요가 있다.

이 장은 논의의 출발을 공공데이터로부터 시작하고자 한다. 왜냐하면 이것이 지금까지 전 세계적으로 정부의 주도하에 데이터를 개방하여 활용하고자 한 가장 실질적인 노력이기 때문이다. 공공데이터에 대한 이해를 높이기 위해 다음 절에서는 공공데이터의 모태가 되는 거번먼트 2.0(Gov 2.0)에 대해 살펴보고자 한다. 세 번째 절에서는 공공데이터 정책의 본질과 실상에 대해 보다 세세히 살펴볼 것이다. 그리고 네 번째 절에서는 디지털 공공재의 개념을 '데이터'를 중심으로 재구성할 수 있는 세 가지 대안적 개념의 — 오픈데이터, 데이터 커먼즈, 그리고 데이터 인프라 — 가능성을 모색하고자 한다. 마지막으로 향후 정책적 노력과 연구가 필요한 어젠다를 제시하고자 한다.

2. 거번먼트 2.0과 공공데이터[2]

공공데이터 개방은 일반 공중이 관심을 갖는 정부의 데이터를 누구나 쉽게 찾고 접속하여 자유롭게 사용·공유할 수 있도록 하는 정책을 의미한다(Veljkovic et al., 2014). 데이터를 개방하여 시민들이 정부가 어떤 일을 어떻게 하는지를 이해하게 함으로써 정부의 투명성과 책임성을 강화하는 것을 목적으로 한다. 뿐만 아니라 혁신적 가치를 갖는 서비스를 창출하고, 정부는 물론 개인의 의사결정을 개선하는 것도 정책목적에 포함한다. 물론 이러한 목적들은 단순히 데이터를 개방(*data transparency*)하기만 하면 되는 것이 아니라, 대중의 참여(*participation*)

---

2 이하 절 2와 3은 황주성(2015)의 내용 중 일부를 발췌한 것이다.

와 협업(*collaboration*)을 전제로 한다. 공공데이터 개방의 개념적 기원은 Gov 2.0에서 찾을 수 있다. Gov 2.0은 소셜 네트워크 서비스(Social Network Service: SNS), 블로그, 위키 등 웹 2.0의 기술적 요소들을 정부에 적용하는 것이다(Henman, 2012). 웹 2.0이란 2001년 닷컴 버블 이후 등장한 인터넷 비즈니스의 새로운 패러다임을 말한다. 개방, 공유, 참여를 중심으로 이용자콘텐츠(User-Generated Contents: UGC), 상호 작용성, 집단지성, 그리고 이용성 등을 중시하는 서비스들을 지칭한다(O'reilly, 2006). 미국이나 영국 등 선진국의 전자정부 서비스는 대부분 1990년대 초반 웹 1.0을 기반으로 구축되었다. 더욱이 관료제도가 갖는 경직성과 폐쇄성으로 인해 전자정부에 웹 2.0을 적용하는 정도는 민간에 비해 훨씬 낮았다.

Gov 2.0이라는 개념은 2005년 윌리엄 에거스라는 정부혁신 전문가에 의해 고안되었다(Eggers, 2005). 그는 산업 시대의 정부를 정보 시대의 정부로 변혁하는 데 있어 기술은 가능요소일 뿐 결정요인은 아니라고 주장한다. 전자정부의 발전에도 불구하고 부처 간은 물론 중앙과 지방정부 간의 협업이 진전을 보이지 못한 것은 산업 시대에 형성된 관료주의라는 기계식 제도 때문이라고 진단한다. 이러한 관점에 의하면 Gov 2.0은 더 이상 SNS나 위키와 같은 기술의 문제가 아니라, 정부의 혁신(*modernizing government*)이라는 더욱 광범위한 이슈와 관련된다(Morison, 2010). Gov 2.0은 웹 2.0의 정신이라 할 수 있는 개방, 공유, 참여, 집단지성, 대규모의 협업 등을 정부프로세스와 운영의 기본원리로 채택하는 것이다. Gov 2.0을 기술을 넘어 제도적 변혁으로 볼 경우, 정부의 리더십과 시민의 참여를 위한 인센티브, 그리고 상호 신뢰가 가장 중요하다. 웹 2.0이 정부의 혁신에 기여할 수 있는 핵심은 기술적 지식이 없는 하위 계층의 개인과 조직 간에도 상호 협업이 가능하도록 하는 힘이다.

Gov 2.0이 웹 2.0을 정부부문에 도입하자는 다소 선언적인 차원의 개념이라면, OGD는 그것을 구현하기 위한 구체적인 정책이라는 점에서 차이점을 갖는다. 정보는 원천데이터로부터 도출될 수 있는 다양한 산출물 — 사실, 정보, 인터페이스, 결합데이터, 서비스 — 중 하나에 불과하다(Davies, 2010). 원천데이터를 공개함으로써 민간의 창의성을 자극하여 시민의 상황과 수요에 보다 적합한 서비스를 창출할 수 있다는 것이 웹 2.0의 취지이다. 같은 맥락에서 관련 연구들도 OGD의 여러 원칙 중에서 '데이터 개방'을 가장 중시한다. 모리슨은 웹 2.0의 상호 작용성과 이용자 중심성을 구현하기 위해서는 '공공데이터로부터 도출된 질적으로 다른 수준의 정보'(availability of new levels of information from government data)가 무엇보다 중요하다고 하였다. OGD의 성숙모델에 관한 연구도 '데이터 투명성'이 참여와 협업을 이끌어 내기 위한 가장 중요한 조건이자 가능요건이라고 주장하였다(Lee & Kwak, 2012). 이상의 논의를 종합해보면 OGD는 '정부가 보유한 원천데이터를 시민과 기업이 손쉽게 찾고 활용할 수 있도록 개방함으로써, 정책과 서비스 등 정부운영 전반에 참여와 협업 등의 웹 2.0 메커니즘이 작동할 수 있도록 유도하는 정책'으로 정의할 수 있겠다.

3. 공공데이터 정책의 실제: 왜 데이터인가?

공공데이터 개방의 성과를 논하기 전에 먼저 이 정책이 추구하는 정책목표와 그것을 가능하게 하는 메커니즘을 명확히 살펴볼 필요가 있다. OGD는 완전히 새로운 정책이라기보다는 이미 있었던 여러 가지 정책을 새롭게 재구성한 일종의 '하이브리드 정책'(hybrid policy)이라고 할 수 있다. 정보공개제도(ATI), 전자정부(e-Gov), 그리고 공공정보 재활용정책이 바로 그 선행정책들이며 웹 2.0은 이들을 하나로 묶은 새로운 기술환경이다. 이렇듯 목표와 추구가치가 다른 정책들을 하나의 우산 아래 묶음으로 인해 정체성에 대한 혼란이 적지 않았다. 국가에 따라 이 정책의 배경과 목표가 매우 상이하다는 지적이 있고(Davies, 2014), 개념의 모호성이 OGD의 발전에 가장 큰 장애요인이라는 주장도 제기되었다(Veljkovic et al., 2014). OGD가 이질적인 두 가지 성격을 포괄함으로써 혼란을 일으킨다는 것이다. 오픈거버먼트(open government)를 강조하면 정치적·민주적 성격을 띠는 반면, 오픈데이터(open data)를 강조하면 기술적·경제적 성격을 띠기 때문이다. 혼선을 일으키는 두 가지 정책을 하나의 틀에 병치하기보다는 구분하는 것이 훨씬 명료하다는 주장도 제기되었다(Yu & Robinson, 2012). 이러한 혼돈을 불식시키고 OGD를 정확하게 이해하기 위해서는 세 가지 선행정책과 비교하여 공공데이터 개방정책이 갖는 정책목표와 메커니즘을 명확히 할 필요가 있다(〈표 5-1〉 참조).

첫째, OGD가 '정부운영의 책임성 강화'를 추구하는 것은 정보공개제도와 맥락을 같이한다. 오바마 행정부가 오픈거번먼트와 함께 정보자유법(FOIA)에 관한 각서를 같이 발표한 점도 이 때문이다. 다만, 과거의 정보공개제도가 개별적 신청에 따라 수동적으로 정보를 제공하는 공개(reactive disclose) 패러다임이었다면, OGD는 정부가 적극적·선제적으로 정보를 공시하는 개방(proactive open) 패러다임이다. 부분적·개별적이었던 과거와는 달리 상시적·다면적·전면적 모니터링이 가능하게 된 것이다. 시민이 데이터 개방에 관심을 갖는 주된 이유는 정부가 어떤 일을 얼마나 잘 하는지를 이해하고, 공무원이 스스로의 행위와 결과에 책임을 지도록 하기 위함이다(Harrison et al., 2012). 행정결제 자료, 예산·결산 자료, 선거데이터, 세금 정보 등이 여기에 해당한다. 개방 패러다임에서는 다수의 참여에 의한 공동평가(communal evaluation)가 중요한 메커니즘이 된다(Bruns, 2008). 개방이 책임성에 미치는 효과는 직간접으로 구분된다. 직접적 효과는 자료의 개방으로 공무원들의 행위가 자발적으로 변화하는 것을 의미하고, 간접적 효과는 개방

<표 5-1> 공공데이터 개방정책과 선행정책의 비교

구분	정책목표	메커니즘	구분	정책목표	메커니즘
정보공개 (ATI)	시민의 알권리와 투명성	공개	공공 데이터 개방 (OGD)	정부운영의 책임성 강화	개방성
전자정부 (e-Gov)	정부 서비스 현대화	정보화		수요지향적 정책과 서비스	참여, 협업(G2G)
공공정보 재활용 정책(PSI)	민간산업 재활용 촉진	DB 제공		혁신과 경제적 성과	플랫폼 제공 민관협업 (G2B)

된 자료를 활용하여 시민이 문제제기를 하였을 때 발생한다.

둘째, OGD가 '수요지향적인 정책과 서비스'를 추구하는 것은 데이터 개방을 통해 시민의 참여와 부처 간 협업을 활성화할 기존의 전자정부 서비스를 혁신하겠다는 의도에서 출발한다. 물론 고객지향적 서비스 전달은 전자정부의 오랜 어젠다였지만, 기술적·운영적 측면에 치우쳐 공공의 가치와 시민의 요구에 부응하지 못하였다. 전자정부는 시민을 서비스의 궁극적인 소비주체로 보고, 그들을 중심으로 서비스를 기획하고 제공하기 위한 개념들을[3] 채택하였다. 하지만 기존의 전자정부는 시민을 단순히 '소비자'(citizen-consumers)로 간주하였을 뿐, 그들을 서비스의 기획과 개발에 관여하는 '참여자로서의 시민'(citizen-participants)으로 인식하지는 못했다(Morison, 2010: 553). 한편 전자정부가 성과를 내지 못한 또 다른 부분은 정책결정(policy-making)이다. 전자정부는 G4C, G2B 등 서비스 전달에서는 성과를 보였지만, 정부의 핵심 기능인 정책결정역량(policy-making capacity)에는 큰 기여를 하지 못한 것으로 평가된다(Peters, 2013). 전자정부를 통해 축적된 정보가 정책결정을 객관적이고 효과적으로 개선하는 데에는 영향력을 미치지

---

3 고객 중심 서비스(customer-centric services), 고객 선택권(consumer choice), 맞춤형 서비스(personalisation of services) 등이 대표적인 예이다.

못한 것이다. 왜냐하면 전자정부는 새로운 정책을 '형성'하는 데가 아니라 이미 결정된 정책을 '효율적으로 집행'하는 데에만 초점을 두었기 때문이다(Pollitt, 2010). OGD는 개방된 데이터를 매개로 서비스는 물론 정책에까지 확대된 시민의 참여와 협업을 지향한다. 참여는 최종 소비자인 시민의 관심사와 요구에 의미 있는 반응과 답변을 끌어내기 위한 방안이다. 이에 비해, 협업은 단일 기관이 해결하기 어려운 문제를 해결하기 위해 참여자들이 서비스와 정책의 실질적인 결정에 관여하게 하는 과정을 의미한다(Harrison et al., 2012). OGD가 '데이터'를 대상으로 정한 것은 전자정부가 '정보와 서비스'를 강조했던 것과는 차별화된다. 특정 정보와 서비스를 상정하기 전 단계부터 원천데이터를 개방하여 시민과 민간의 참여와 협업을 활용하려는 의미이기 때문이다. 원천데이터는 시민과 시민사회가 통제된 정보와 상호 작용에서 벗어나 진정한 참여와 토론을 할 수 있게 하는 '사실적 기반'(*factual basis*)이 되기 때문이다(Morison, 2010: 566). 개방된 데이터가 효과를 가지려면 그것을 통해 시민들이 의미 있고 중요한 무엇인가를 할 수 있어야 하며, 궁극적으로 정책 성과와 공공서비스의 개선으로 연결되어야 한다(Harrison et al., 2012).

셋째, OGD가 추구하는 마지막 목표는 '혁신과 경제적 성과'이다. 민간기업과 개발자들이 개방된 데이터를 활용하여 새로운 고용과 창업을 성취하도록 하는 것으로, 공공정보 재활용정책과 같은 맥락의 정책목적이다. 공공에서 민간에게 일방적으로 정보만 제공하는 PSI 방식과는 달리, ODG에서는 공공과 민간 그리고 '참여자로서의 시민'이 함께 새로운 가치를 만들어가는 공동혁신을 지향한다. OGD는 공공데이터를 플랫폼 형태로 개방하여,[4] 민간기업이 전자정부 서비스를 제공할 수 있

---

4 플랫폼 형태의 개방이란 데이터 포털과 같은 '공공데이터 플랫폼'을 통해 통일된 절차와 방식, 포맷 등을 적용하는 것을 말하며, 나아가 개방된 데이터 간의 연계와 검색, 시각화 등을 지원함으로써 데이터를 활용한 서비스 개발을 중점적으로 지원하는 것을 의미한다(백

는 기반을 제공하려는 것이다. 민간의 창의력을 토대로 최종이용자의 수요를 보다 효과적으로 반영한 '제삼자에 의한 전자정부 서비스'(*third-party developed citizen services*)가 가능하게 된 것이다(Longo, 2011: 40). 바로 이 부분이 PSI와는 다른 점이다. 다시 말해, OGD가 추구하는 '혁신과 경제적 성과'는 단지 민간경제와 산업적 효과만을 지향하는 것이 아니라, 전자정부 서비스의 수요지향형, 맞춤형, 민관연계형 개발이라는 패러다임 전환과도 연계된다. 즉, 전자정부 서비스를 더는 정부기관에 의해서만이 아니라, 민간기업과의 협업을 통해 개발 및 제공하겠다는 의미도 내포하기 때문이다. OGD가 외향적으로는 투명성과 민주화를 앞세우지만, 실질적으로는 기상정보, 교통정보 등을 민영화하고 민간에 의한 공공서비스의 제공을 넓히려는 신자유주의 접근과 같다는 주장도 같은 맥락에서 이해할 수 있다(Bates, 2014). 이런 이유로 PSI에서는 기관들이 일방적·자의적으로 제공대상을 정하였다면, OGD에서는 민간의 수요가 높고 가치가 높은 데이터를 우선적으로 제공하도록 요구한다. 궁극적으로는 공공데이터를 활용하여 민간기업과 개발자가 시민에게 더 가치 있는 서비스를 개발·제공하도록 하려는 것이다.[5] 같은 맥락에서 PSI가 데이터의 양적 제공에 치중하였다면, 데이터 개방은 데이터의 질적 측면에 중점을 둔다. 데이터의 완성도, 원시성, 시의성, 접속성, 기계구독성, 비차별성, 비전유성, 지재권(지적재산권) 자유성 등을 보장함으로써 서비스로의 전환을 용이하게 하기 위해서이다.

인수, 2013).

5 국내의 경우 서울버스앱, 열린약국찾기, 아이엠스쿨 등이 사례로, 이러한 지원을 위해 OGD에서는 개방포털, API 제공, 링크드 데이터(linked data)를 위한 표준화 등의 지원을 하고 있다.

4. 데이터 공공재를 위한 대안적 개념

1) 오픈데이터

오픈데이터란 "누구든지 자유롭게 사용, 재사용, 배포할 수 있는 콘텐츠나 데이터를 의미한다. 단, 이용 시 그 출처를 명확히 밝혀야 하며, 오픈데이터를 이용하여 만들어낸 자신의 최종 결과물 역시 모든 사람에게 개방해야 하는 조건을 지켜야 한다"(European Commission, 2015). 이를 위해 오픈데이터는 저작료와 저작권으로부터 자유로워야 하며, 누구든지 편리하게 접근하고 또 수정할 수 있는 개방된 포맷을 유지해야 한다. 인터넷을 통해 기계적으로 판독가능해야 함은 물론이다.[6] 공공데이터와 오픈데이터의 차이점은 전자는 '누가 그 데이터를 만들고 소유하였는가?'에 초점을 두는 반면, 후자는 '데이터가 어떻게 개방되는가?'에 중점을 둔다는 점이다. 사실 개방이라는 관점에서 볼 때 오픈데이터는 공공데이터를 포함하는 보다 포괄적인 개념이다. 하지만 모든 공공데이터가 곧 오픈데이터라고 할 수는 없다. 정부가 개방한 데이터 중에서도 저작권과 비용의 문제가 해결되지 않은 것이 있기 때문이다. 오픈데이터는 이렇듯 개방방식에 대해 보다 엄격하다.

오픈데이터는 세 가지 측면에서 더 엄격한 요건을 요구한다(Open Knowledge, 2015). 첫째, 구득가능성과 접근성이다. 개방된 데이터는 일부분이 아니라 전체적으로, 그리고 누구든지 인터넷을 통해 쉽게 접근하여 다운로드 받을 수 있도록 제공되어야 한다. 둘째, 개방된 데이터를 다른 데이터와 결합하는 등 어떠한 방식으로도 재사용·재배포되는 것이 허용되어야 한다. 셋째, 특정인이나 집단 또는 이용 분야나 목적을 배제하거나 차별하지 않아야 한다. 예컨대 상업적 활용을 제한하

---

6 오픈데이터의 세세한 정의와 요건에 대해서는 개방형 정의(Open Definition)를 참조하기 바란다(http://opendefinition.org/).

거나 교육이나 보건 등 특정 목적만을 허용하는 개방은 오픈데이터의 취지에 부합하지 않는다. 오픈데이터가 이러한 개방의 요건들을 강조하는 이유는 상호 운영성을 확보하기 위해서이다. 오픈이란 수집과 가공의 주체가 다른 데이터들을 결합하는 과정을 전제로 하기 때문에 상호 간의 차이를 극복할 수 있는 장치를 확보하는 것이 무엇보다 중요하다. 다른 소스의 데이터들을 결합하여 더 크고 가치 있는 데이터 셋을 만들기 위해서는 '어떻게 개방하느냐'가 매우 중요하며, 이를 위해 공공데이터 개방헌장(Open Data Charter)[7]의 원칙과 Berners-Lee의 파이브 스타 모델(Five Star)[8]과 같은 평가방식이 의미를 갖게 되는 것이다 (Open Knowledge, 2015).

오픈데이터와 빅데이터, 그리고 공공데이터의 구분을 좀더 명확히 할 필요가 있다. 기본적으로 이 셋은 상당히 많은 부분이 중첩되어 있으며 국가에 따라 구분의 차이가 발생할 수 있다. 국가의 경제 개입과 민영화 수준에 따라 공공의 범역이 달라지기 때문이다. 〈그림 5-1〉에서 알 수 있듯이 첫째, 순수 오픈데이터의 대표적인 사례로는 민간기업이 자발적으로 개방한 보고서나 소셜 미디어의 데이터, 그리고 교통트래픽 데이터 등을 들 수 있다. 둘째, 순수 빅데이터 영역에는 민간부문이 생산하여 자체적인 마케팅이나 사업분석을 위해 비밀리에 사용하는 상품 구매정보 등이 포함된다. 셋째, 순수 공공데이터 영역에는 투표와 같은 시민참여 프로그램과 관련된 데이터 등이 해당될 수 있다(Gurin, 2014; Omidyar, 2014). 세 가지 유형의 데이터가 모두 중첩되는 영역, 즉 오픈 거번먼트 빅데이터에는 기상, GPS, 센서스, 의료정보 등이 포함된다.

민간영역에서 생산되는 정보의 개방이 가장 제한적이다. 민간부문

---

7 2013년 G8 국가가 공공데이터의 전 세계적 확산을 위해 작성한 개방의 원칙으로 개방우선주의, 데이터의 양과 질 확보, 모두에 의한 이용, 거버넌스와 혁신의 중시 등을 담고 있다.

8 공공데이터 개방의 5단계 포맷으로 단계가 높아질수록(별의 개수가 많아질수록) 데이터의 재활용성이 좋아진다는 의미이다(http://5stardata.info/en/).

<그림 5-1> 오픈데이터, 빅데이터, 공공데이터의 관련성

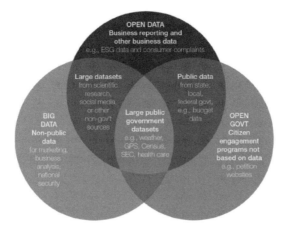

출처: Gurin(2014)

은 공공데이터를 활용하는 주체로 많이 거론되었지만, 사실 그 자체로 거대한 양의 정보를 생산하고 있으며 이를 개별 기업의 경쟁력을 제고하는 데 활용하고 있다. 월마트나 JP 모건, Armajaro 등 선진 기업들을 스스로 자신들이 생산한 데이터를 개방함으로써 자사 제품의 문제점을 빠른 시간 내에 파악하거나 전후방 연계업체가 효과적으로 사용하도록 허용하고 있다(Herzberg, 2014). 문제는 공공데이터와 마찬가지로 이들 데이터 중에도 다수의 개인이나 기업 그리고 정부기관 등에 도움이 되는 고가치 데이터가 많이 있다는 것이다. 이들은 사회 전반에 산재한 공동의 수요를 가지고 있음에도 불구하고 민간기업의 영역이라는 이유로 사회적 요구에 부응하지 못하고 있다. 교통, 시설, 은행, 통신, 식음료 등 많은 분야에 대한 정보들이 여기에 해당한다. 예를 들어, 스마트폰 통화에 관한 데이터는 민간기업의 과금에 필수적인 정보이지만, 이 정보는 소매상인들이 신규상점의 설립을 위한 기초 데이터로 활용할 수 있다. 뿐만 아니라 정부도 공공시설의 위치를 선정하는 등 다양한 행정 결정을 위한 유동인구데이터로도 활용할 수 있다는 점에서 공공재의 성격을 갖는다. 이런 차원에서 오픈거번먼트 파트너십(OGP)

은 세계은행(World Bank)과 함께 민간부문의 데이터 개방을 위한 플랫폼을 준비하고 있다. 이 플랫폼은 2013년 출범하였으나 아직 완성된 형태는 아니다(Herzberg, 2014).

2) 데이터 커먼즈

공유재는 자원에 대한 접근, 사용, 통제권한을 사적 재산권과 시장교환 메커니즘이 아니라 개개인의 공여에 의한 공동의 재산과 공동체 내의 네트워킹에 의해 운용하는 제도적 형태를 의미한다(Benkler, 2006: 95). 사유재산과 대비되는 공유재의 현저한 특성은 어떤 한 개인도 공유재를 처분하거나 배타적으로 사용할 권리를 가질 수 없다는 점이다. 디지털 공공재와 관련된 공유재의 사례로는 오픈소스 소프트웨어나 위키피디아, 온라인 공동체 등을 들 수 있다. 공유재는 두 가지 변수에 따라 네 가지 유형으로 나뉜다. 첫째는 자원이 모두에게 개방되는 것인가 아니면 정의된 집단에게만 개방되는 것인가에 따라 모두에게 접근이 가능한 개방된 공유재(open commons), 집단구성원에게만 제한적 접근이 가능한 공유재(limited-access commons)로 구분된다. 둘째는 해당 공유재의 시스템이 규제되고 있는가의 여부에 따라 규제되는 공유재와 비규제 공유재로 구분된다.

디지털 재화는 대부분 공공재의 성격, 즉 비경합성과 비배제성을 지닌다. 무한복제가능성과 한계비용제로라는 특성 그리고 접근경로인 인터넷의 보편성으로 인해서이다. 그럼에도 불구하고 검색이나 다양한 정보와 콘텐츠, 그리고 최근의 SNS에 이르기까지 대부분의 디지털 재화는 공공재가 아닌 사적재의 형태로 제공되고 있다. 물론 이러한 상황은 간단히 대답할 수 있는 것이 아니다. 재화의 특성에 앞서 인터넷이라는 인프라가 등장하고 민영화되는 과정의 연장선상에서 이해되어야 하기 때문이다. 인터넷은 공공재의 하나였던 전화망을 기반으로 하고 보편적인 재화라는 특성상 그것과 근본적으로 다르지 않다. 하지만 인터넷은 전화망에 비해 훨씬 다층적이고 복잡한 생태계를 형성하고 있다. 다시 말해, 전화망, 케이블망 등의 물리망과 TCP/IP 등의 논리망은 그 위에서 생성·유통되는 정보·콘텐츠 층위와는 구분된다. 물론 이들은 상호 연결되어 있고 상호 의존적이지만, 공공재로서의 성격은 다르기 때문이다. 하지만 Benkler는 바로 이 정보·콘텐츠 층위에서 공유재의 성립가능성을 모색하는 질문을 던진다. "인터넷에서 누구나 사용이 가능한 핵심적 공유인프라는 과연 공유재로 관리될 수 있을 것인가?"라는 질문이 그것이다. 디지털 공유재(digital commons)는 바로 이러한 의문에 하나의 대안을 제시한다(Benkler, 2006).

디지털 공유재를 형성하는 메커니즘은 크게 두 가지로 — 공유경제와 동등계층생산 — 구분될 수 있다. 공유경제(sharing economy)는 개개인이 보유하고 있는 디지털 자산을 대여하거나 공유하는 개념이다. 개인이 보유하고 있는 사진이나 동영상, 코드 등이 대상이 될 수 있다. 이에 비해 동등계층생산(peer production)은 공동의 플랫폼을 이용하여 디지털 재화를 함께 생산하고 소비하는 모델이다. 오픈소스 소프트웨어나 위키피디아 등이 대표적인 사례가 될 것이다. 공유경제든 동등계층생산이든 모두 개방을 중시하지만, 보다 더 중요한 것은 개인의 참여와 그 결과의 조합을 어떻게 조직화하는가에 있다. 두 가지 메커니즘은 모두 개인의 참여와 협업의 조정, 그리고 산출물의 활용과 관리를 위한 운영규칙을 보유하고 있다. 전반적으로 이들은 사유재산과 시장 메커니즘보다는 공유재와 공동체 네트워크에 의존하는 이른바 사회적 생산(social production)에 해당한다.

데이터 공유재(data commons, 데이터 커먼즈)는 개인, 공공, 기업 등 관련된 이해당사자별로 서로 다른 가치와 동기를 가지고 있다(WEF, 2012: 4). 개인은 대개 누가 생산한 데이터이든 궁극적인 소스가 되지만, 이는 분산되어 있을 뿐만 아니라 단일한 목소리를 내기 힘들어 가장 미약한 그룹이다. 이들은 금전적 이득이나 개인화된 서비스를 위해 데이터를 제공한다. 하지만 민감함 데이터의 경우 사생활보호를 위해 거부한다. 정부는 국민에게 서비스를 제공하는 데 필요한 데이터를 개방하지만, 실시간성이나 소비자의 행태 및 기호를 알 수 있는 데이터의 비중은 적은 편이다. 정부의 데이터 개방에는 민간의 아이디어와 활력을 이용하여 정부 서비스를 효율화하겠다는 합리화 동기와 정부의 행위를 공개하여 투명성을 확보하겠다는 신뢰성 동기가 함께한다. 한편 민간기업은 가장 방대한 데이터를 보유하고 있으며 실시간성의 행위데이터도 많다. 특히 통신기업과 금융기업, 그리고 IT기업들이 가장 대표적인 데이터 생산자이다. 이들 기업에게 있어 데이터 개방은 잠재력 수익가능성을 희생한다는 측면에서 매우 신중하게 고려되어야 할 요소이다. 하지만 데이터 개방의 수위를 조절함으로써 사익과 공익 간의 절충점을 찾아나가는 노력이 필요하다.

　　최근 빅데이터의 부상으로 새롭게 부상하는 디지털 공유재의 대상은 비식별 개인정보(*anonymized personal data*)이다(Yakowitz, 2011). 세계경제포럼(World Economic Forum: WEF)은 데이터 공유재를 "다양한 분야의 행위자들이 비식별 개인정보를 안전하고 호혜적으로 활용하기 위한 기본원칙을 발굴하기 위한 공간"으로 규정하였다(WEF, 2012: 1). 검색쿼리(*query*) 데이터나 의료처치 데이터, 카드거래 데이터와 통화 데이터 등은 소유한 기업이나 기관뿐만 아니라 광범위한 사회의 공사익적 목적에 활용될 잠재력이 크다. 하지만 이들 정보는 대부분 사기업에 의해 사적 목적으로 수집되었으며, 그렇지 않은 경우라도 정보수집 단계에서 취합된 개인정보식별자로 인해 사회적 활용이 제한되어 왔다. 개인정보의 노출을 극복하기 위한 방법으로 익명화(비식별화) 기술이 개발되었지만, 익명화를 무력화하는 비익명화 기술(*de-anonymization*)로 인해 실효성에 대한 의문이 강하게 제기된 것이다. 이로 인해 많은 국가에서 비식별 개인정보는 여전히 광범위한 사회적 활용에 진전을 보이지 못하고 있다. 하지만 이들 비식별 개인정보의 공유재적 특성과 사회적 혜택을 고려할 때, 그것을 활용하기 위해 지불해야 하는 노력과 비용은 데이터 공유재를 위한 일종의 세금으로 봐야 한다는 견해도 있다(Yakowitz, 2011).

데이터 공유재를 위한 제3의 대안으로 개인데이터 생태계를 생각해 볼 수 있다. 이것은 개인정보를 공유하는 전략으로 개개인에게 자신의 데이터에 대한 접근권은 물론 소유권을 부여하여 그들이 자신의 데이터를 분석하고 유용한 결론을 도출하도록 하는 것이다(Rubinstein, 2012). 여기서 가장 중요한 것은 이용자 중심성(user-centricity)이다. 즉, 개인이 다양한 공사적 기관에 제공한 개인데이터를 통합하여 자신의 통제하에 사용할 수 있도록 하는 것이다. 예컨대 정부의 복지와 교육, 교통기관, 민간의 의료, 금융, 통신기관 등에 흩어져 있는 개인정보를 이용자가 모아서 통합관리하고, 필요한 경우에는 그들을 활용하여 은퇴설계, 의료기관 선정 등의 의사결정에 활용하는 것이다. 이를 위해서는 출생 및 혼인 증명, 면허증, 여권, 거래기록, 프로파일(profile), SNS 콘텐츠 등 분산된 다양한 개인정보를 수집 및 분석하여 개개인의 데이터 활용을 지원해 줄 수 있는 일종의 후견인이 필요하다. 마치 금융이나 법률에서 신탁회사와 같은 데이터 신탁회사가 필요한 것이다. 이 회사들은 개인의 맞춤형 수요에 대응하는 다양한 서비스를 제공할 것이다. 예컨대 소비자가 자신의 구매기록을 공개하고 자신의 신체사이즈를 공개하면 여름철에 가장 적합한 의류를 추천해 줄 수 있게 되는 것이다. 이 모델은 개인정보를 철저하게 개인의 재산권으로 귀속시키는 모델이다. 하지만 이 경우 개인정보의 귀속이 수집기관이 아니라 개인에게 있기 때문에 개인이 오픈의 가치와 의미를 인정할 경우 사회적 활용을 위한 데이터 공유재가 조성될 여지는 상대적으로 더 크다고 하겠다.

3) 데이터 인프라

인프라 스트럭처는 한 사회의 경제활동 전반을 뒷받침하는 하부구조로 공적 소비를 전제로 한다. 흔히 도로나 다리, 터널, 수도, 통신, 전기 등 물리적이고 기술적인 요소들을 말하지만, 물질 인프라, 제도 인프라, 그리고 인적 인프라를 포괄하기도 한다. 예컨대 사법제도의 경우, 한 사회의 경제시스템이 제대로 작동할 수 있는 규범을 만들고 또 그것이 위반되었을 때 바로잡을 수 있는 하부구조가 된다. 학교나 의료 등도 물리적·제도적 인프라 못지않게 중요한 기능을 수행한다. 인프라는 세 가지 수요측면의 기준을 갖는다. 첫째, 해당 자원은 비경합성을 지녀야 한다. 둘째, 해당 자원에 대한 수요는 해당 자원을 투입요소로 요구하는 후방생산활동에 의해 주도되어야 한다. 그리고 셋째, 해당 자원은 공공재와 사적재 그리고 비시장 재화를 포함하는 방대한 상품과 서비스를 위한 투입요소로 사용되어야 한다. 도로와 전화망, 전력망(electrical grid) 등 전통적인 인프라는 이 세 가지 요건을 충족한다. 뿐만 아니라 전통적 인프라의 범주에는 들지 않지만 인터넷, 아이디어 등도 동일한 성향을 보인다(Frichmann, 2005).

공공재의 성격을 가지는 데이터를 인프라의 관점에서 접근한 연구는 그리 많지 않다. 전통적으로 인프라는 물리적 측면에 초점을 두었기 때문이다. 하지만 최근 사회적 수요가 높은 데이터들을 고속도로나 철도처럼 인프라로 간주해야 한다는 주장이 종종 등장하고 있다(WEF, 2012). 인프라의 관점에서 인터넷을 조망한 연구에 의하면 인터넷의 4개 계층 — 물리계층, 논리계층, 응용계층, 콘텐츠계층 — 중에서 앞의 두 계층을 인프라적 성격을 띠는 것으로 주장하고 있다. 그것들이 비경합성, 비배제성을 가지는 동시에 앞에서 언급한 수요측면의 인프라 요건을 겸비하기 때문이다. 인터넷의 편익은 망의 종단에서 발생한다. 도로나 호수 등과 마찬가지로 인터넷은 그것을 활용하여 후방에서 발생하는 산업활동으로 가치를 유발한다. 다시 말해, 인터넷 인프라에 접속하여 응용 서비스를 구동하거나 콘텐츠를 소비함으로써 비로소 가치와 편익이 구현되는 것이다. 따라서 응용 서비스와 콘텐츠를 생산하거나 수요하는 경제 주체에게 물리계층과 논리계층의 인터넷은 인프라의 역할을 하는 것이다(Frichmann, 2005).

실제 2010년대 이후 공공데이터 정책의 확산과 유사한 시점에 데이터 인프라와 유사한 정책적 시도들이 덴마크, 아일랜드, 영국 등 유럽국가들을 중심으로 등장하였다. 먼저 덴마크는 기본데이터(basic data)라는 용어로 공공은 민간부문을 포함하여 모든 사람이 사용할 수 있는 고품질의 공용데이터의 구축을 선언하였다(Denmark, 2012). 이것은 '덴마크 전자정부 전략 2011~2015'의 일환으로 추진된 것으로 기업등록부, 지적도, 건축물대장, 부동산 등록부, 지도, 행정구역, 지형도, 지명부, 주민등록부 등을 포함한다. 한편 아일랜드는 국가정보인프라(National Information Infrastructure)라는 용어하에 식별자를 포함한 모든 국민에 대한 개인데이터, 모든 기업에 관한 데이터, 그리고 모든 빌딩과 지점에 관한 데이터를 수집·관리하고 있다(Macfeely & Dunne, 2014). 그리고 영국 역시 2013년 공공정보 재활용정책을 검토하려는 목적에서 발표한 셰익스피어 리뷰의 권고에 따라 국가정보인프라의 구축을 추진하고 있다. 국가적 중요성을 보유한 정보를 파악하기 위해 먼저 징부가 보유한 모든 데이터의 목록을 공개하고, 그중 국가정보인프라에 포함되어야 할 정보의 우선순위를 결정한다. 마지막으로 그렇게 선정된 인프라의 공개를 추진한다(UK Cabinet Office, 2013). 우선순위 결정 시 가장 결정적인 역활을 하는 것은 해당 데이터가 정보는 물론 사회 전반에 걸쳐 어느 정도의 편익과 영향을 줄 수 있는지에 달려 있다. 그것은 애초에 해당 데이터가 수집될 때 의도한 목적과는 달라질 수 있다. 데이터 인프라의 의미는 국가사회적으로 중요한 의미를 갖는 데이터에 대한 접근과 활용가능성을 극대화하는 데 있다(ODI, 2015). 따라서 어떻게 개방할 것인가를 규정하는 방식을 넘어 무엇을 개방할 것인가도 매우 중요한 비중을 차지하는 것이다.

4) 종합논의

이상에서 살펴본 오픈데이터, 데이터 커먼즈, 그리고 데이터 인프라 등 데이터 공공재를 위한 대안적 개념들이 등장하게 된 배경은 물론 철학적 기반, 그리고 데이터 형성의 방법 등에서 차이를 보인다. 하지만 기본적으로 이들 세 개념은 데이터와 정보, 지식 등을 폐쇄적·사유적 재화로 보고 경쟁력을 위해 비밀리에 관리해야 할 자원으로 여기기보다는 공익적 차원에서 공동으로 조성되고 관리되어야 하는 자원으로 간주하고 있다(Herzberg, 2014). 하지만 이 세 가지 개념 간에도 상당한 차이가 존재한다(〈표 5-2〉 참조). 먼저 오픈데이터는 개방적 혁신(open innovation)의 철학하에 데이터의 자유로운 재활용과 연계적 이용이 새로운 가치를 창출한다는 관점에서 출발한다. 따라서 공개적 활용은 물론 개방으로 데이터 보유기관이 취득하게 되는 이득도 강조된다. 예컨대 기상정보의 개방은 개인과 기업의 기상 관련 의사결정을 효율화하여 사회 전반적인 혜택을 주지만, 기상정보를 산출하는 기관에도 수요시장의 창출 및 데이터 정합성 증진 등의 측면에서 도움을 준다.

데이터 커먼즈는 데이터 개방의 주체가 정부나 기업처럼 대규모 데이터 보유기관이 아니라 데이터의 원천이 되는 개인이라는 점에서 차

〈표 5-2〉 오픈데이터, 데이터 커먼즈, 데이터 인프라의 비교

구분	구축방식	데이터의 특성	사례
오픈데이터	· 자발적 개방 · 개방적 혁신	· 재활용성, 무저작권, 무비용	· 기상정보
데이터 커먼즈	· 공동참여와 공유	· 자발적 공유, 비식별 데이터	· 의료정보
데이터 인프라	· 의도적(행정적) 조성	· 국가적 중요성, 타 산업에 기반	· 부동산정보

이를 보인다. 따라서 이 경우 무엇보다도 중요한 것은 스스로 자신의 데이터를 제공하고 또 공유하고자 하는 참여자의 존재 여부이다. 의료정보나 위치정보와 같이 개인이 자신의 생활을 통해 창출하게 되는 데이터는 광범위한 공유를 통해 새로운 가치를 생산할 잠재력을 갖게 된다. 하지만 이들은 개인의 사생활을 유출시킬 수 있는 위험도 함께 갖게 된다. 결국 개개인이 자신의 데이터에 대한 주권 인식을 얼마나 정확히 갖고 있으며, 그러한 데이터 공유로 얻게 되는 이점에 관해 얼마나 이해하고 공감하느냐에 따라 이 개념의 실행가능성이 달라진다고 할 수 있다.

마지막으로 데이터 인프라는 총체적·하향적 접근을 취한다. 정부가 의도적 차원에서 범국가적으로 중요성을 갖는 데이터 인프라를 설정하고 구축하여 함께 이용하도록 하자는 것이다. 데이터 인프라는 일견 분명하고 실천가능성이 용이해 보이지만, 우선순위의 도출이 얼마나 실효적인가에 관건이 달려 있다. 왜냐하면 데이터의 중요성과 가치는 사전적으로 파악하기 어렵기 때문이다. 수많은 시도와 도전을 통해 비로소 하나의 데이터가 갖는 가치를 파악할 수 있을 뿐만 아니라, 빅데이터의 환경으로 인해 데이터가 축적되고 또 연계됨으로써 기존에는 가능하지 않았던 가치가 발현될 수도 있기 때문이다. 지금까지 논의한 것처럼 빅데이터 시대의 공공재를 어떠한 개념을 통해 구현할 것인가에 대한 의사결정은 단순하지 않으며 또 어떤 하나의 답을 제시할 수 없을지도 모른다. 중요한 것은 이 세 가지 중 굳이 어느 하나에 얽매이지 않고 더 합리적이고 실행가능성이 높은 방법이 있다면 미래를 위한 실천적 준비를 시행해 나가야 한다는 것이다. 왜냐하면 아직은 빅데이터 사회 초기에 있기 때문에 이러한 논의가 의미를 가질 수 있지만, 사회적으로 중요한 데이터의 거버넌스 체계가 이미 확립된 뒤에는 디지털 공공재에 관한 논의가 의미를 갖기 어려울 것이기 때문이다.

5. 결론

이 장은 빅데이터 시대에 데이터가 기업과 개인은 물론 국가경쟁력에도 진정으로 중요한 자원이 된다면, 그것의 보편적 접근과 활용이 어떻게 조성되고 관리되어야 할 것인지에 대한 궁금증에서 출발하였다. 또한 2000년대 후반에 본격화된 공공데이터 개방정책이 과연 공공부문에만 국한되어야 할 것인지에 대한 의문도 같은 맥락에서 제기되었다. 다시 말해, 빅데이터 시대에 적합한 디지털 공공재에 대해 어떻게 접근해야 할 것인지를 논의하고자 한 것이다. 이를 위해, 먼저 공공데이터 개방정책에 대해 살펴보았고, 이어 그것을 좀더 확대할 수 있는 세 가지 대안적 개념에 — 오픈데이터, 데이터 커먼즈, 그리고 데이터 인프라 — 대해 비교 검토하였다.

디지털 데이터 전체는 아니더라도 그중 일부는 더는 선택재가 아니라 필수재이다. 개인이든 기업이든 자신의 삶을 행복하게 하기 위해서는 스스로 파악하고 결정해야 한다. 이를 위해서는 사회 전반적인 관점에서 보편적 중요성을 갖는 데이터에 대한 접근과 활용이 필수적이다. 인터넷 초창기에 인터넷에 대한 접근이 중시되고 이로 인해 물리적·논리적 네트워크가 인프라로서 간주되었던 것과는 상황이 다르다. 당시 인터넷 접속을 보편적 접근으로 상정하고 이를 위해 법과 제도를 준비하였던 것은 당연한 일일 것이다. 하지만 지금은 인터넷에 접근한다고 모든 것이 해결되지 않는다. 인터넷의 상업화로 인해 개인이 유료 또는 광고를 통하지 않고 콘텐츠에 접근하기는 거의 불가능하다. 뿐만 아니라 그러한 콘텐츠의 기반이 되는 핵심 데이터에 접근하고 활용하는 것은 더욱 힘들다. 이제 인터넷 계층에 대한 보편성 논의가 달라져야 한다. 물리망과 논리망, 서비스와 콘텐츠로 나누기보다는 각 계층 내에서도 필수재와 공공재를 찾아내 접근을 달리해야 한다. 바로 여기에 '인프라'적 접근이 갖는 의미가 있다.

디지털 공공재에 대한 논의가 필요한 또 다른 이유는 디지털 재화의 생산과 소비의 융합현상 때문이다. 과거 산업적 생산이 주를 이루던 사회에서 산업활동은 경제적 동기에 의해 이루어졌다. 그리고 생산과 소비는 엄격히 구분되었다. 하지만 오늘날, 특히 정보·지식·문화 생산과 관련된 영역에서 경제적 메커니즘과 동기 못지않게 사회적 생산이 중요한 역할을 차지하고 있다. 이용자는 그저 수동적인 사용자가 아니라 생산과 유통에 참여하면서 소비한다. 이들에게는 경제적 동기보다는 관심, 인정 등과 같은 내재적 동기가 더 큰 영향력을 발휘한다. 경제적 생산에서 사회적 생산으로의 패러다임 전환은 서비스와 콘텐츠 그 자체보다는 그 원료가 되는 데이터라는 원자재, 특히 누구든지 자유롭게 접근·활용하며 배포할 수 있는 공공재로서의 데이터가 필요한 것이다.

이처럼 디지털 공공재에 대한 세 가지 대안적 개념을 검토하였다. 그러나 이 중 어느 하나를 미래를 위한 유일한 대안으로 제안하기는 쉽지 않다. 각 개념은 그 고유의 역사적 배경과 의미를 가지고, 따라서 디지털 공공재를 위한 서로 다른 장점을 갖기 때문이다. 먼저 오픈데이터는 기업과 공공기관 등 대규모 데이터를 가지고 있는 기관들이 적극적으로 데이터를 개방할 수 있도록 대의와 방법을 제공한다. 이에 비해 데이터 커먼즈는 개개인의 자발적인 참여로 오픈데이터가 커버하지 못하는 비식별 개인정보를 축적할 수 있는 방법을 제공한다. 그리고 데이터 인프라는 국가적 차원에서 체계적이고 중장기적인 계획하에 디지털 공공재를 구축할 수 있는 기재를 제공한다. 결국 세 가지 개념의 결합과 융합으로 디지털 공공재를 위한 보다 합리적이고 실질적인 방안을 모색해 나갈 필요가 있을 것이다.

현재 기술의 진화에 따라 디바이스와 네트워크가 중요성을 갖던 시대에서 서비스와 콘텐츠가 궁극적인 가치를 주는 시대로 전환하고 있다. 빅데이터 기술의 발달로 서비스와 콘텐츠의 원료가 되는 데이터를 보다 보편적으로 접근·활용·배포하는 것이 가능해졌고, 그것이 갖는 혁신적 가능성이 점차 드러나고 있다. 개인과 기업, 정부 등 해당 주체가 당면한 현안 이슈와 접목될 때, 데이터는 기존에는 가능하지 않았던 새로운 가치를 창출하기 때문이다. 디지털 공공재로서의 데이터, 즉 데이터 공공재는 1990년대 초반 전 세계를 풍미한 초고속정보통신망, 즉 정보고속도로(information super-highway)를 잇는 또 하나의 역사가 될지도 모른다.

참고문헌

황주성(2015), 전자정부가 공공데이터 개방의 성과에 미치는 영향: 사회·제도적 조절변수를 중심으로, 〈한국지역정보화학회지〉, 18(2), 1~28.

Bates, J. (2014), The Strategic Importance of Information Policy for the Contemporary Neoliberal State: The Case of Open Government Data in the United Kingdom, *Government Information Quarterly*, 31, 388~395.

Benkler, Y. (2006), *The Wealth of Networks: How Social Production Transforms Markets and Freedom*, New Haven and London: Yale University Press.

Bernholz, L., Cordelli, C., & Reich, R. (2013), *The Emergence of Digital Civil Society*, Stanford PACS, http://pacscenter.stanford.edu/wp-content/uploads/2015/07/Emergence.pdf.

Bruns, A. (2008), *Blogs, Wikipedia, Second Life, and Beyond: From Production to Produsage*, New York: Peter Lang.

Capgemini Consluting(2015), Creating Value through Open Data: Study on the Impact of Re-use of Public Data Resources, European Commission, Directorate-General of Communications Networks, Content & Technology.

Davies, T. (2014), Open Data Policies and Practice: An International Comparison, Paper for European Consortium for Political Research Panel P356-The Impacts of Open Data, http://ecpr.eu/Events/PanelDetails.aspx?PanelID=3298&EventID=14.

_____(2010), Open Data, Democracy and Public Sector Reform: A Look at Open Government Data Use from Data. gov. uk, based on An MSc Dissertation submitted for examination in Social Science of the Internet at the University of Oxford, http://www. practicalparticipation. co. uk/odi/report/.

Deloitte (2012), Open Innovation: Driving Growth, Ingenuity and Innovation, A Deloitte Analytics paper.

Eggers, W. D. (2005), *Government 2. 0: Using Technology to Improve Education, Cut Red Tape, Reduce Gridlock, and Enhance Democracy*, Lanham, MD: Rowman & Littlefield Publishers, Inc.

European Commission (2015), Creating Value through Open Data: Study on the Impact of Re-use of Public Data Resources.

Frischmann, B. M. (2005), An Economic Theory of Infrastructure and Commons Management, *Minnesota Law Review*, 89, 917~1030.

Gurin, J. (2014), Big Data and Open Data: How Open Will the Future Be?, *A Journal of Law and Policy for the Information Society*, 10(3), 691~704.

Harrison, T., Guerrero, S., Burker, B., Cook, M., Cresswell, A., Helbig, N., & Pardo, T. (2012), Open Government and E-government: Democratic Challenges from A Public Value Perspective, *Information Polity*, 17, 83~97.

Henman, P. (2012), Governmentalities of Gov 2. 0, Information, *Communication & Society*, 16(9), 1397~1418.

Herzberg, B. (2014), The Next Frontier for Open Data: An Open Private Sector, http://blogs. worldbank. org/voices/next-frontier-open-data-open-private-sector.

Longo, J. (2011), OpenData: Digital-Era Governance Thoroughbred or New Public Management Trojan Horse?, *Public Policy & Governance Review*, 2(2), 38~51.

Macfeely, S. & Dunne, J. (2014), Joining up Public Service Information: The Rationale for A National Data Infrastructure, *Administration*, 61(4), 93~107.

Morison, J. (2010), Gov 2. 0: Towards A User Generated State?, *The Modern Law Review*, 73(4), 551~577.

ODI (2015), Who Owns Out Data Infrastructure, Prepared for the 3rd International Open Data Conference Ottawa.

Omidyar Network (2014), Open for Business: How Open Data Can Help Achieve the G20 Growth Target, A Lateral Economics Report Commissioned by Omidyar Network.

Open Knowledge (2015), What Is Open Data, *Opendata Handbook*, http://opendatahandbook. org/guide/en/what-is-open-data/.

O'Reilly, T. (2005), What Is Web 2.0, http://oreilly. com/web2/archive/what-is-web-20. html.

Peters, G. (2013), On Leading Horses to Water: Developing the Information Capacity of Governments, *Halduskultuur-Administrative Culture*, 13 (1), 10~19.

Pollitt, C. (2010), Technological Change: A Central Yet Neglected Feature of Public Administration, *The NISPAcee Journal of Public Administration and Policy*, 3 (2), 31~53.

Rubinstein, I. (2012), Big Data: The End of Privacy or A New Beginning?, *Public Law & Legal Theory Research Paper Series*, 12~56.

Shakespeare, S. (2013). Shakespeare Review - An Independent Review of Public Sector Information, www. gov. uk/government/uploads/system/uploads/attachment_data/file/198752/13-744-shakespeare-reviewof-public-sector-information. pdf.

The Danish Government (2012), Good Basic Data for Everyone-A Driver for Growth and Efficiency, http://www. eurogeographics. org/sites/default/files/BasicData_UK_web_2012%2010%2008. pdf.

UK Cabinet Office (2013), National Information Infrastructure.

Veljkovic, N., Bogdanovic-Dinic, S., & Stoimenov, L. (2014), Benchmarking Open Government: An Open Data Perspective, *Government Information Quarterly*, 31, 278~290.

WEF (2012), Paving the Path to A Big Data Commons, Vital Wave Consulting.

Yakowitz, J. (2011), Tragedy of the Data Commons, *Harvard Journal of Law & Technology*, 25 (1), 1~67.

Yu, H. & Robinson, G. (2012), The New Ambiguity of "Open Government", *UCLA Law Review Discource*, 178, 178~208.

06

공공부문 빅데이터 정책 활성화 방안 연구*

성욱준**

1. 빅데이터 시대의 도래와 의미

유무선 인터넷 융합과 인터넷 속도의 개선, 모바일 기기의 확산과 SNS 서비스의 확대, 사물인터넷(IoT)을 통해 연결되는 기기들, 클라우드 서비스를 통한 정보의 공유. 이 모든 것이 과거와는 비교할 수 없는 광대한 빅데이터 시대의 도래를 알리고 있다.

빅데이터 시대의 도래는 공공부문이 축척한 정보를 토대로 새로운 가치를 창출하고, 획기적이고 편리한 서비스들을 제공할 것 같았다. 데이터에 기반한 정책을 통해 의사결정의 합리성을 높이고 행정 과정의 생산성을 높이며, 지금까지 풀지 못했던 정책문제에 대한 획기적인 대안을 제안해 국민 개개인이 필요한 정보를 선제적으로 제공하는 최적화된 서비스를 제공하리라 기대했다.

공공부문에서 빅데이터 활용이 강조되고 있음에도 불구하고 빅데이터 분석을 통한 변화의 체감도는 그리 높지 않은 것 같다. 공무원들은 여

---

 * 이 글은 〈한국정책학회보〉(2016년 제25권 1호)에 실린 성욱준 논문(공공부문 빅데이터 정책 활성화 연구)을 부분적으로 수정한 글이다.
** 성욱준: 서울과학기술대학교 IT정책전문대학원 교수

전히 데이터 분석을 부담스러워하고 분석가들의 몫으로 여기며 가외의 업무로 생각하고 있는 듯하다. 국민들은 빅데이터 분석을 통한 행정이 국민들의 일상생활에 어떻게 영향을 미치는지 여전히 잘 알지 못하며, 몇몇 서비스를 제외하고는 변화에 대한 체감도도 여전히 낮다.

광범위한 데이터의 축척 · 분석기술은 우리에게 빅데이터 시대로 불리는 새로운 가능성을 열어주었지만 그에 따른 부작용으로 인한 그림자 또한 크게 드리우고 있다. 빅데이터 활용 과정에서 발생할 수 있는 민감한 개인정보의 남용에 대한 우려와 불법적인 사용으로 국가 감시의 가능성에 대한 불안한 시선을 거두지 않고 있다.

빅데이터 시대의 도래는 공공정책의 결정 과정과 그 내용에서 이전과 다른 진화를 가져올 수 있을까? 왜 만능의 처방과 같은 빅데이터가 공공부문에 안정적으로 정착하지 못하는 것인가? 공공부문에서 빅데이터 정책이 성공적으로 뿌리내리고 활성화되려면 무엇부터 해야 하는 것일까?

우리나라 공공부문에서 빅데이터 활용의 의미를 되새겨보고, 활성화를 위한 방안과 과제를 살펴보자.

1) 빅데이터 시대의 도래와 공공정책

스마트폰으로 시작된 스마트 빅뱅은 언제, 어디서나 인터넷으로 연결가능한 초연결 시대를 열고 있다. 최근 스마트 기술로 대표되는 빅데이터, 사물인터넷, 클라우드컴퓨팅은 새로운 가치창출의 가능성을 무한대로 끌어올리고 있다. 모바일 기기의 성능과 다기능성 인터넷 속도의 증가 등으로 인한 큰 변화 중 하나는 빠르게 축척되고 있는 데이터의 양이다. 초연결사회에서 개인이 생성하는 데이터, 센스 네트워크를 통해 사람의 힘을 거치지 않고 사물끼리 주고받는 데이터들로 인하여 한 해 생성되는 데이터가 지난 2,000년간 저장된 정보량의 몇 배에 해당하는 수준에 이르렀다. 2013년 기준으로 데이터 양은 4.4제타바이트를 기록했으며, 2020년에는 10배가 넘는 44제타바이트에 이를 것으로 예상된다. 참고로 1제타바이트는 미국의회도서관이 소장한 정보량을 약 4만여 번 담을 수 있는 엄청난 양이다. 빅데이터는 처음에는 3V(*volume, velocity, variety*)로 특징되었으나, 최근에는 가치(*value*)를 넣어 4V라고 일컬어진다. 특히 빅데이터가 만들어낼 수 있는 새로운 가치에 대한 관심이 높아지고 있다. 이로 인해 정부, 산업, 개인 등 사회의 모든 영역에서 혁신의 새로운 기회가 가속화될 것으로 기대된다. 스마트 사회의 엘도라도 또는 원유라고 불리는 빅데이터는 스마트 사회에 새로이 발견된 금맥과 같은 것이다. 하지만 그 자체만으로는 아무 것도 아닐 수 있으며, 활용도에 따라 그 가치가 정해지고 축적될 것이다.

공공부문에서 활용되는 빅데이터란 "대용량 데이터를 활용·분석하여 가치 있는 정보를 추출하고, 생성된 지식을 바탕으로 능동적으로 대응하거나 변화를 예측하기 위한 정보화 기술"을 의미한다고 볼 수 있다(국가정보화전략위원회, 2011).[1] 공공부문 빅데이터의 도입은 크게 두 가지 측면의 의미를 가진다. 첫째, 공공부문 빅데이터의 도입으로 인한 행정 서비스 패러다임의 변화이다. 공공부문에서 빅데이터의 적용은 새로운 서비스의 창출은 물론 행정 서비스 제공 패러다임의 전환을 가능하게 하며, 최근 이러한 변화는 정부 3.0이라는 정부 패러다임의 변혁으로 구체화되고 있다. 이러한 정부 의사결정의 구조 변화는 "기존에 단절된 정보의 제한적 활용으로 인한 의사결정 지원의 한계를 극복하고, 향후 분야별 정보의 수평적 융합과 실시간 데이터 분석에 기반한

---

1 빅데이터의 다양한 정의이다(국가정보화전략위원회, 2011 재인용).
　①기술적 정의: 다양한 종류의 대규모 데이터로부터 저렴한 비용으로 가치를 추출하고, 데이터의 초고속 수집·발굴·분석을 지원하도록 고안된 차세대 기술 및 아키텍처(IDC, '11), ②규모적 정의: 일반적인 데이터베이스 소프트웨어가 저장·관리·분석할 수 있는 범위를 초과하는 규모의 데이터(매켄지, '11), ③방법적 정의: 빅데이터는 애초 수집, 수천 테라바이트에 달하는 거대한 데이터 집합 자체만을 지칭하였으나, 점차 관련 도구·플랫폼·분석기법까지 포괄하는 용어로 변화(삼성경제연구소, '10).

의사결정"에 기여할 수 있게 된다(국가정보화전략위원회, 2011). 둘째, 빅데이터를 활용한 새로운 행정 서비스의 활성화 가능성이다. 교통, 산업, 의료, 복지, 치안 등 거의 모든 공공분야에서 빅데이터를 이용한 새로운 서비스가 소개되어 활용되고 있다. 정부 3.0의 패러다임에서 개인에게 최적화된 서비스의 제공가능성은 지금까지와는 다른 서비스의 수준과 만족을 제공할 수 있을 것이다.

하지만 민간부문에서 빅데이터를 이용한 다양한 활용기법(고객분석을 통한 수요의 분석, 맞춤형 광고, 맞춤형 고객관리)이 기업의 가치를 제고하기 위해 활성화되고 있는 반면, 공공부문에서의 활용은 기대에 못 미치고 있다는 의견이 많다. 공공부문이 오랜 세월 동안 축척한 방대한 양의 정보자원은 거의 모든 정책 분야에서 새로운 서비스의 개발과 정책 변화를 가져올 것으로 기대하였다. 그러나 아직도 공공부문에서의 데이터 분석은 기술자의 몫이라는 인식이 남아 있는 듯하다. 빅데이터 분석기술의 발전이 그 자체로 공공부문의 혁신을 통한 국민들에 대한 행정 서비스의 향상을 가져올 수는 없다. 빅데이터 분석이라는 기술 패러다임의 변화가 행정의 내부 개혁과 대국민 서비스라는 실질적 변화로 이어질 수 있기 위해 필요한 것은 무엇일까?

2) 우리나라의 빅데이터 정책과 연구 소개

우리나라의 빅데이터 정책은 2011년 무렵부터 공식적으로 제기되었다. 2011년 11월 국가정보화전략위원회의 '빅데이터를 활용한 정부 구현(안)'이 발표되었고, 2012년에는 '빅데이터 마스터플랜'이 마련되었다. 이후 박근혜 정부에서는 미래창조과학부와 행정자치부 등 유관기관에서 빅데이터 관련 정책이 마련되었다. 주요 정책으로는 미래창조과학부의 '과학기술 분야 빅데이터 공동활용 종합계획'(2013년 11월), '빅데이터 산업 발전 전략'(2013년 12월), '과학기술/ICT 분야 공공데이

〈표 6-1〉 빅데이터 주요 정책

시기	내용
2011. 11	국가정보화전략위원회: 빅데이터를 활용한 정부 구현(안)
2012. 11	국가정보화전략위원회: 빅데이터 마스터플랜
2013. 4	미래창조과학부: 빅데이터 서비스 시범사업 추진
2013. 11	미래창조과학부: 과학기술 분야 빅데이터 공동활용 종합계획
2013. 12	미래창조과학부: 빅데이터 산업 발전 전략
2014. 1	미래창조과학부: 과학기술/ICT 분야 공공데이터를 활용한 비즈니스 모델 제안
2014. 1	관계부처 합동: 유능한 정부 구현을 위한 빅데이터 활용 확대 방안
2014. 8	미래창조과학부: (빅)데이터 기반 미래 예측 및 전략 수립 지원 계획, 제 2회 정보통신전략위원회 상정/의결
2014. 12	미래창조과학부: 데이터 산업 발전 전략, 제 3회 정보통신전략위원회 상정/의결

터를 활용한 비즈니스 모델 제안'(2014년 1월), 관계부처 합동으로 마련된 '유능한 정부 구현을 위한 빅데이터 활용 확대 방안', 정보통신전략위원회에 상정·의결되었던 '(빅) 데이터 기반 미래 예측 및 전략 수립 지원 계획'(2014년 8월, 제 2회 정보통신전략위원회), '데이터 산업 발전 전략'(2014년 12월, 제 3회 정보통신전략위원회) 등이 있다. 빅데이터 관련 주요 정책의 전개는 〈표 6-1〉과 같다.

　이 중 2011년의 '빅데이터를 활용한 스마트 정부 구현(안)'은 추진 역량 강화(범정부적 데이터 연계·통합, 정부·민간 융합 추진, 공공데이터 진단체계 마련)와 핵심 기반 확보(법제도 개선, 분석인력 양성 및 재교육, 개인정보 익명성 보장, 빅데이터 고성능 인프라, 빅데이터 운영·분석기술)의 8가지 과제로 나누어 추진하고자 하였다. 2012년의 빅데이터 마스터플랜은 범정부적 추진체계 구축(법제도 정비, 빅데이터 공유·활용 인프라 구축), 단계적 활용 확산(사회 안전, 국민 복지, 국가 경제, 국가 인프라, 산업 자원, 과학 기술), 세계 최고의 기술력 확보(기술연구 개발, 전문인력 양성)로 추진 계획을 세웠다. 2013년 '과학기술 분야 빅데이터 공동활용 종합계획'을 통해 거버넌스 체계 구축(관리정책), 정책과 법제도 정비(법제도 표준화), 활성화 계획(과학기술 빅데이터 플랫폼, 인식

제고, 보상체계), 시범사업 등 네 가지 분야에서 정책과제를 수립하였다. 2013년 12월의 '빅데이터 산업 발전 전략'은 정책과제를 ① 수요(시장창출 및 확대: 시범사업, 선도 프로젝트, 활용인프라 제공 및 사회적 붐 조성), ② 공급(산업 육성기반 확대: 핵심 원천기술 조기확보 및 국제 표준화, 전문인력 양성 및 일자리 연계, 거버넌스 정비), ③ 인프라(지속발전가능 생태계: 사용자 친화적 데이터 개방·유통, 전문 중소기업 성장 및 글로벌화)의 3개 분야 8대 과제로 나누었고, 2014년 '유능한 정부구현을 위한 빅데이터 활용 확대 방안'은 주요 과제를 ① 활용 확대(빅데이터 활용 과제 추진, 빅데이터 활용 지원), ② 기반 조성(법제도 정비, 활용기반 구축), ③ 역량 강화(기술개발, 인력 양성)의 3개 분야 6개 과제로 나누었다. 2014년 12월의 '데이터 산업 발전 전략'은 기존의 정책과제 분류와는 다른 데이터의 생존 주기에 따라 ① 생산(고품질 데이터 생산·개방 지원, 국내기업 기술경쟁력 제고), ② 유통(데이터 중계·유통 촉진, 프라이버시 보안 우려), ③ 활용(다양한 분야 이용활성화), ④ 기반(전문인력 양성·보급 및 제도 정비)의 네 가지 분류에 따라 정책을 제안하였다.

학계에서도 그동안 국내 빅데이터 관련 정책연구들이 다양한 형태로 이루어졌다. 국내 빅데이터 정책연구들을 살펴보면 빅데이터 관련 활용방안과 외국 정책·사례 소개 연구가 다수를 이루고 있다(배동민 외, 2013; 송진희·김정숙, 2014; 윤미영, 2012; 이성훈·이동우, 2013; 최한석, 2013; 최한석·김세진, 2013). 빅데이터 정책과제를 제안하는 주요 연구들을 살펴보면, 신동희·김용문(2015)은 국내 재난관리 분야 빅데이터 활용 방안 연구를 통해 공공과 민간 영역에서 공통적으로 추진해야 할 정책과제로서 재난 관련 빅데이터의 공개 및 공유, 기술 및 인프라의 확충, 법 및 제도적 정비, 소셜 네트워크 서비스를 활용한 재난 정보전달 시스템의 구축, 빅데이터 전문인력 양성을 제안하였다. 정지선(2011)은 신가치창출 엔진으로서 빅데이터 대응전략에서 데이터와 정보의 연결과 협력, 창의적 인력 양성, 데이터 신뢰환경 구축을 강조하

〈표 6-2〉 빅데이터 주요 정책의 분류

분류	내용	선행 연구
기술적 측면의 과제	빅데이터 공유/활용 인프라, 데이터 연계/분석인력 양성 및 재교육, 빅데이터 고성능 인프라, 빅데이터 운영/분석기술, 빅데이터 플랫폼, 원천 기술 확보, 국제 표준화, 공공 및 민간 데이터 연계, 공공데이터 개방	국가정보화전략위원회(2011; 2012), 미래창조과학부(2013a; 2013b; 2014), 정보통신전략위원회(2014a; 2014b), 신동희ㆍ김용문(2015), 정지선(2011), 김현곤(2013), 안문석(2013), 김재생(2014), 김정숙(2012), 정한민ㆍ송사광(2012), 박민규ㆍ최지영(2014)
제도적 측면의 과제	법제도 개선, 추진 역량 강화, 범정부 연계, 정부/민간 융합 추진, 법제도 정비, 보상체계, 거버넌스 정비, 빅데이터 전략로드맵	국가정보화전략위원회(2011; 2012), 미래창조과학부(2013a; 2013b; 2014), 정보통신전략위원회(2014a; 2014b), 신동희ㆍ김용문(2015), 김현곤(2013), 안문석(2013), 정창섭(2013)
인식적 측면의 과제	개인정보 익명성 보장, 인식제고, 시범사업, 선도 프로젝트, 사회적 붐 조성, 성공사례 조기 발굴, 데이터 신뢰환경 구축, 공공데이터 활용에 대한 국민적 합의	국가정보화전략위원회(2011; 2012), 미래창조과학부(2013a; 2013b; 2014), 정보통신전략위원회(2014a; 2014b), 신동희ㆍ김용문(2015), 김현곤(2013), 정지선(2011), 안문석(2013), 이창범(2013)

였다. 김현곤(2013)은 빅데이터 기반 선진 국정운영 방안 연구에서 빅데이터 협력 거버넌스의 활성화, 공공부문 성공사례 조기 발굴, 추진체계의 단계적 확산, 공공 및 민간데이터 연계 활용, 범정부 빅데이터 전략로드맵 수립을 상소하였나. 안문식(2013)은 빅데이터와 관련된 정부의 역할로 공공데이터의 민간 개방, 공공과 민간 데이터의 상호 연계, 개인정보보호의 제도적 장치 마련, 공공빅데이터의 선광 정도에 대한 국민적 합의 도출을 강조하였다. 이 밖에 빅데이터의 특정 과제에 초점을 맞춘 연구로는 빅데이터 시대 분석기술정책(김재생, 2014, 김정숙; 2012), 인재양성 연구(박민규ㆍ최지영, 2014; 정한민ㆍ송사광, 2012), 개인정보보호와 빅데이터(이창범, 2013), 지자체 빅데이터 재난 관리 방안(정창섭, 2013)의 연구들이 있다. 이상의 빅데이터와 관련된 정책과제들을 기술, 제도, 인식 측면으로 나누어 정리하면 〈표 6-2〉와 같다.

3) 우리나라 빅데이터 활용정책 사례

그렇다면 지금까지 우리나라 공공부문에서 빅데이터를 활용한 정책 사례로는 어떤 것들이 있을까? 우리나라의 빅데이터 활용사례들은 초기에는 미국을 중심으로 한 외국사례의 아이디어를 국내에 그대로 반영하는 시도가 (예를 들면, 교통지도, 범죄지도, 개인화된 복지 서비스 등) 많았지만,[2] 최근에는 외국의 주요 사례들을 그대로 받아들이기보다는 국내의 환경과 데이터의 종류, 성격, 정책 요구 등을 반영한 다양한 정책과제와 사례들을 발굴하여 개발하고 있다.

국내의 경우, 최근 국내 빅데이터 정책 사례들의 동향과 특징을 정리하면, 첫째, 빅데이터 분석을 통한 증거 기반 정책에 대한 관심이 고조되면서 거의 모든 기관과 분야에서 정책 사례들이 나타나고 있다. 둘째, 분야에서도 보건, 의료, 복지, 치안 등뿐 아니라 금융, 관광, 고용 등의 경제 분야, 생활편의와 같은 지역 수준의 활용, 서비스 품질의 개선을 위한 분석 등 다양한 목적과 용도로 이루어지고 있다. 셋째, 활용 주체가 중앙정부 수준뿐 아니라 각종 공공기관, 지방자치단체 등 다양한 공공분야에서 활용에 적극적인 모습을 보이고 있다. 넷째, 활용데이터 측면에서도 기존의 공공데이터를 사용한 정형 데이터 분석뿐 아니라, 비정형 데이터 분석, 그리고 정형 데이터와 비정형 데이터를 함께 활용하는 등 사용 데이터의 수준이나 폭이 넓어지고 있다. 최근 우리나

---

2 미국을 비롯한 유럽(영국, 덴마크, 아일랜드, 이탈리아 등), 아시아(싱가포르), 남아메리카(브라질, 아르헨티나, 칠레 등)에 이르기까지 주요 국가들은 빅데이터 분석을 공공분야의 문제해결에 활용하려 시도해 왔다. 적용 분야도 초기에는 보건과 의료, 복지, 치안 등의 분야에서 주로 이루어지던 것에 비해 최근에는 국가 전략이나 R&D 분야, 에너지, 정치 등 다양한 분야로 확대되고 있다. 활용되는 데이터는 주로 국가가 기존에 보유하고 있는 정형 데이터가 중심이 되고 있으나, 점차 소셜 데이터와 같은 비정형 데이터를 통해 새로운 패턴과 가치의 발견·활용에 더 큰 관심을 가지고 있다. 그리고 일부 국가의 경우 개별적 사업 분야에 그치지 않고 국가 전략 차원 수준에서 고도화된 빅데이터 분석을 활용하려는 구체적 양상으로 나아가고 있다.

라의 공공부문에서 이루어지고 있는 빅데이터 분석을 주요 분야별로 정리하면 〈표 6-3〉과 같다. 우리나라의 경우 교통, 과학기술, R&D, 경제, 안전, 의료, 행정민원, 정보제공 등의 다양한 분야에서 빅데이터를 활용한 정책분석이 이루어지고 있다. 교통 분야의 서울 심야버스나 경기도 따복버스 등은 노선 선정에서 데이터에 입각한 과학적 정책 수립으로 정책대상자들의 호응을 얻고 있으며, 서울이나 경기도의 상권분석시스템의 추진, 안전 분야의 보안 관련 사업들, 의료 분야의 헬스맵이나 국민건강정보 DB구축 등을 비롯하여 다양한 분야에서 사업이 추진되고 있는 것을 볼 수 있다. 다만 우리나라의 경우 범부처 수준 혹은

〈표 6-3〉 국내 공공부문 분야별 대표적 빅데이터 활용 현황

분야	기관	사업 내용
교통	경찰청, 도로교통공단	맞춤형 위험도로 예보 시스템 구축
	광주광역시	빅데이터를 활용한 광주 시내버스 효율화
	서울시	유동인구 빅데이터를 활용한 심야버스 노선 수립
	경기도	따복버스 노선도 분석
과학 기술, R&D	미래부	차세대 메모리 기반의 빅데이터 분석/관리 소프트웨어 원천기술개발
		초소형/고신뢰 OS와 고성능 멀티코어 OS를 동시 실행하는 듀얼 운영체제 원천기술개발
		빌딩 내 기기들을 웹을 통해 연동하여 사용자 맞춤형 최적제어/모니터링 서비스를 제공하는 소프트웨어 개발
경제	경기도	빅데이터 활용 상권영향분석 조례 추진
	서울시	서울시 '우리마을가게 상권분석 서비스'
	미래부	빅데이터 시범사업 컨소시엄 5개 선정
	고용부	일자리 현황분석을 통한 고용 수급 예측
	중소기업청	소상공인 창업성공률 제고를 위한 점포평가 서비스
안전	경기도	CCTV 사각지대 분석
	대구광역시	방화벽 보안 로그 분석
	행정자치부	빅데이터 로그 분석으로 보안사고 및 장애예방 강화
		빅데이터 기반의 개인정보보호체계 및 침해예보제 운영기반 구축

분야	기관	사업 내용
의료	국민건강보험공단	헬스맵 서비스를 위한 환자 의료이용지도 구축
	미래부	심실부정맥 예측, 입원병상 최적화 등 보건의료 서비스
	복지부	국민건강정보 DB를 활용한 맞춤형 건강 서비스 개발
	식약처	빅데이터 기반의 의약품 안전성 조기경보 서비스
정보제공	통계청	빅데이터 활용 국민체감 통계생산(경제 및 물가지수 등)
	국민건강보험공단	고객 서비스 향상을 위한 정보시스템 고도화 사업
	교육부	빅데이터 활용 스마트 뉴스 모바일 앱 개발
	인천광역시	소셜 빅데이터 분석시스템 용역
	한국생산기술연구원	빅데이터 활용 새 먹거리 발굴 지원
행정민원	광주 광산구	시민 맞춤형 서비스 사례
	서울 도봉구	주민 참여형 빅데이터 행정 구현
	부산 해운대구	빅데이터 활용 스마트 행정
	경상북도 영천시	민원데이터 분석
	통계청	빅데이터를 활용한 통계 조사(인구총조사에 활용)

국가 수준의 전략 연구 등에서 빅데이터를 활용하고자 하는 시도가 아직은 미흡하다고 볼 수 있다.

2. 우리나라 공공부문 빅데이터 정책과제 도출

공공부문 빅데이터 분석의 지속적 사용과 확산을 위해 더 중요한, 긴급한 정책사항은 무엇입니까?

만약, 조직이 자신들이 해결해야 할 과제를 위해 무한정의 인적·물적 자원을 투입할 수 있고, 해결해야 할 시간에 제한이 없다면 필요한 정책대안들 사이에서 우선순위를 정하는 것은 불필요할 것이다. 그러나 대부분의 공공정책은 다른 분야의 정책들과 경쟁하며, 해당 정책 분야에서 제안된 대안들도 시간적·물적·인적 구속을 받는다.

지금까지 공공부문의 빅데이터 정책 확산을 위한 다양한 정책 대안들이 제안되고 실행되었다. 이러한 초기의 정책 대안들은 빅데이터에 대한 관심을 모으고 초기 확산을 이끄는 데 기여하였다. 하지만 공공부문의 빅데이터 활용이 단순한 소개를 넘어 정책의 수립과 분석에 더욱 적극적으로 사용되고 정책수립과 활용에 일상화되기 위해서는 지금까지의 빅데이터 정책을 다시 한 번 정리하고 재고하는 것이 필요하다. 특히 공공부문에서 빅데이터 분석과 정책에 직접 관여하는 담당자들의 의견을 수렴하여 지금까지의 빅데이터 정책들을 비판적으로 고찰하고 보다 구체적이고 현실적인 정책방안들을 모색해 보는 것이 필요한 시점이다.

1) AHP 분석의 개요

1970년대 초반 Satty에 의해 개발된 계층화 분석법(Analytic Hierarchy Process: AHP)은 의사결정의 계층구조를 구성하고 있는 요소 간 쌍대비교에 의한 판단으로 평가자의 지식, 경험 및 직관을 포착하고자 하는 의사결정방식이다. 구체적으로 해당 분야의 전문가들을 대상으로 더욱 중요하다고 생각되는 정책을 설문함으로써 정책의 우선순위 및 가중치를 탐색하고, 각 개선사항의 중요도를 상대적으로 비교하여 결론을 도출하게 된다. AHP 설문은 일반 설문과 비교하여 해당 분야의 전문가를 대상으로 하기 때문에 자료의 수집이 어렵고 분석이 복잡하지만, 설문 응답자의 응답일관성을 파악할 수 있고 대안 간 순서뿐 아니라 순서 간 질적 차이를 정량화해 나타낸다는 점이 장점이다.

빅데이터 관련 정책에 대한 제언은 외국의 빅데이터 사례나 정책을 소개하거나 정책 전략·기획 차원에서 위에서 아래로 향하는 접근(*top down approach*)을 중심으로 이루어졌다. 이는 빅데이터 정책의 도입에서 매우 중요한 역할을 한다. 하지만 거시적·상향적 수준의 정책방안과 함께 빅데이터 분석이나 정책을 직접 수행하는 담당자의 미시적·

상향적 의견이나 제언도 매우 중요하다. 즉, 빅데이터 분석확산은 거시적 수준의 전략적 방안뿐 아니라, 미시적 수준의 현장 정책경험을 통해 수정·개선될 수 있다.

빅데이터 분석의 확산에 관한 문제점과 개선방안을 분석하기 위하여 전문가를 대상으로 한 AHP 설문을 실시하였다. 분석대상은 공공부문(중앙부처, 지방자치단체, 공공기관)에 재직 중이면서 빅데이터 분석업무를 수행하고 있는 사람들로 구성하여, 현장에서 빅데이터 업무를 수행하면서 느끼는 빅데이터 확산과 장애요인을 반영하였다. AHP 설문은 2016년 1월 11일부터 1월 29일까지 3주간 실시되었다. 설문표집을 확대하기 위하여 설문 대상자에게 다른 빅데이터 분석·정책 전문가들의 추천을 부탁하고, 이를 통해 AHP 설문을 배포하였다. 총 36인에게 온라인이나 오프라인으로 설문지를 배부하였으며, 그중 20인의 설문응답을 수거하였다. [3]

2) AHP 설문의 체계도: 빅데이터 정책의 분류

빅데이터 정책 활성화를 위한 정책 대안의 우선순위를 분석하기 위한 AHP 설문은 "공공부문 빅데이터 분석의 지속적 사용과 확산을 위해 더 중요한, 긴급한 정책사항은 무엇입니까?"이다. AHP 설문은 정책 중요도와 시급성의 두 가지 차원에서 실시되었다. 여기에서 중요도란 해당 분야 정책 개선사항 중 가장 '핵심적'인 정책 요소(*key policy*)를 의미하며, 시급성이란 해당 분야 정책 개선사항 중 가장 '신속한 대응 또는 지원'이 필요한 정책 요소를 의미한다. 빅데이터 정책과 같은 정책 초기에는 해당 정책의 핵심적인 요소와 현재 해결해야 할 선결과제가 다르게 나타날 수 있으며 정책 우선순위에서 해당사항을 고려하는 것

---

[3] 빅데이터 정책 담당자들은 당시 빅데이터 정책의 초기단계라서 설문에 응하기 어렵다는 의견이 많았다.

이 필요하다.

　설문지의 체계도는 기존의 이론적 논의와 사례분석, 인터뷰 등을 참조하여 기술인프라 차원, 제도 차원, 인식·문화 차원의 세 가지로 나누었다. 첫째, 기술인프라 개발은 기술 개발과 인력 양성으로 나누고, 다시 기술 개발은 빅데이터 활용기술과 보안기술, 인력 양성은 외부인력의 영입 및 양성 그리고 내부인력의 역량 강화로 나누었다. 둘째, 제도 정비는 법제정비와 추진체계정비로 분류하였다. 이 중 법제정비는 법령 차원에서 지원법의 제정과 가이드라인 및 지침의 제정으로 나누고, 추진체계정비는 조직 내 추진체계의 정비와 민관 협력 거버넌스 체계의 구축으로 나누었다. 셋째, 인식·문화의 확산 차원에서는 홍보 및 인식 개선과 역기능 우려 개선의 두 가지로 나누었다. 이 중 홍보·인식 개선은 시범사업 등의 추진을 통한 활성화와 조직 내외 활용문화의 확산으로 나누고, 역기능 우려 개선은 개인정보보호에 대한 우려 불식, 전자감시 문제에 대한 대응으로 분류하였다.

　소분류의 내용을 살펴보면 빅데이터 활용 기술은 데이터의 생애주기에 따른 데이터 생성과 수집에서 분석 및 활용의 체계적인 관리기술을 의미하는 것으로 데이터의 전 주기 생애관리(데이터베이스 구축, 개발, 중계·유통 활성화), 데이터 개방·공유, 핵심·원천기술개발, 표준화, 국제 표준화, 정형·비정형 데이터 분석기술, 텍스트 마이닝, 감성분석 등의 기술을 포함하며, 보안기술은 빅데이터 분석 과정에서 발생할 수 있는 보안에 대한 우려에 초점을 맞춘 빅데이터 보안기술 관련 사항으로서 데이터베이스, 소프트웨어, 웹사이트 등의 해킹으로 인한 정보 유출 해소와 보안기술 등을 포함한다. 인력 양성과 관련하여 외부인력의 양성 유입은 외부 전문가의 유입이나 빅데이터 관련 신규인력의 육성과 관련된 것으로 신규인력의 유입, 아웃소싱, 대학에서 빅데이터 관련 학과 개설, 대학원 개설, 자격검증제도 등을 의미하며, 내부인력의 역량 강화는 현재 조직 내부인력의 활용과 역량 강화에 초점을 둔 것으로 기존 인력의 역량 강화, 조직 내부 재직자에 대한 재교육 강화, 재교육 비용 지원 등의 방안을 의미한다. 법제정비와 관련하여 지원법의 제정은 법령 수준에서 빅데이터 활성화 특별법 제정, IT 산업 활성화법 등의 일반법 제정, 빅데이터 관련 조례의 제정을 포함하며, 가이드라인·지침 제정은 법령 제정 이전이라도 조직 내부 수준에서 고려될 수 있는 조직 내 빅데이터 도입을 위한 가이드라인 제공, 도입을 위한 체크리스트 지원, 역량진단 체크리스크 지원 등을 의미한다. 추진체계정비와 관련하여 조직 내 추진체계는 공공부문 내에서 이루어질 수 있는 일련의 추진체계정비를 의미하는 것으로 리더십 강화, 범부처 협력·조정 기구의 마련, 지방-지방 협력, 지방정부-의회 협력 등을 의미하며, 민관 협력 추진체계는 빅데이터의 활성화를 위한 산·학·연·관 협력의 강화, 빅데이터 활용을 위한 민관 협의체의 운영과 같은 공공-민간의 다양한 협력 거버넌스를 포함한다. 홍보·인식 개선과 관련하여 시범사업 추진은 빅데이터 분석이라는 새로운 시도가 공공부문의 정책에 미칠 수 있는 효과를 탐색·소개하는 것으로서 빅데이터 활용의 사례(*best practice*) 창출, 선도사업 추진 등을 들 수 있으며, 활용문화의 확산은 조직 내외에서 행해질 수 있는 조직 내 빅데이터 분석의 인식(필요성, 중요성) 확산, 경진대회, 홍보, 정책효과 홍보 확산 등의 내용을 포함한다. 역기능 개선과 관련하여 개인정보보호는 지금까지 오랫동안 논의되었던 것으로 데이터의 불법적인 사용이나 해킹 등에 대한 우려 불식, 데이터 통합 활용에 따른 개인정보사용 거부감 불식, 활용과 보호의 균형 등의 사항과 관계되며, 전자감시의 문제는 빅데이터의 오남용으로 인한 전자감시와 빅브라더의 우려 불식의 내용을 포함한다. 이상의 사항을 정리한 AHP 설문 체계도는 〈표 6-4〉와 같다.

AHP 분석을 위하여 Excel 2013과 Expert Choice 11.5를 사용하였다.

〈표 6-4〉 AHP 설문 체계도

대분류	중분류	소분류	주요 내용(예시)
기술 인프라 개발	기술 개발	빅데이터 활용기술	데이터의 전 주기 생애관리(데이터베이스 구축, 개발, 중계/유통 활성화), 데이터 개방/공유, 핵심/원천기술개발, 표준화, 국제 표준화, 정형/비정형 데이터 분석기술, 텍스트 마이닝, 감성분석 등
		보안기술	데이터베이스, 소프트웨어, 웹사이트 등의 해킹으로 인한 정보 유출 해소와 보안기술
	인력 양성	외부인력의 양성 및 유입	신규인력의 유입, 아웃소싱, 대학에서 빅데이터 관련 학과 개설, 대학원 개설, 자격검증제도
		내부인력의 역량 강화	기존 인력의 역량 강화, 조직 내부 재직자에 대한 재교육 강화, 재교육 비용 지원
제도 정비	법제 정비	지원법 제정	빅데이터 활성화 특별법 제정, IT 산업 활성화법 등의 일반법 제정, 빅데이터 관련 조례의 제정
		가이드라인/ 지침 제정	조직 내 빅데이터 도입을 위한 가이드라인 제공, 도입을 위한 체크리스트 지원, 역량진단 체크리스크 지원
	추진 체계 정비	조직 내 추진체계	리더십 강화, 범부처 협력/조정기구의 마련, 지방-지방 협력, 지방정부-의회 협력
		민관 협력 추진체계	산/학/연/관 협력의 강화, 빅데이터 활용을 위한 민관 협의체의 운영
인식/ 문화 확산	홍보/ 인식 개선	시범사업 추진	빅데이터 활용의 사례 창출, 선도사업 추진
		활용문화 확산	조직 내 빅데이터 분석의 인식 확산, 경진대회, 홍보, 정책효과 홍보 확산
	역기능 우려 개선	개인정보보호 우려 불식	데이터의 불법적인 사용이나 해킹 등에 대한 우려 불식, 데이터 통합 활용에 따른 개인정보사용 거부감 불식, 활용과 보호의 균형
		전자감시 문제 불식	빅데이터의 오남용으로 인한 전자감시, 빅브라더의 우려 불식

3) AHP를 통한 빅데이터 정책분석

　AHP 분석에는 총 20부의 설문 중 일관성 비율(consistency ratio)이 0.2를 초과하는 4명의 응답을 제외한 16부를 사용하였다. AHP 설문에 응답한 16명의 인구사회학적 분포를 보면 다음과 같다. 먼저, 성별로는 남성이 14명, 여성이 2명이었으며, 연령별로는 30대 2명, 40대 12명, 50대가 2명으로 40대가 가장 많았다. 학력은 학사 학위 10명, 석사 학위 4명, 박사 학위 2명으로 나타났으며, 소속은 중앙부처 공무원 5명, 지방자치단체 공무원 6명, 공공기관·연구원 근무자 5명으로 나타났다. 유관 업무를 포함한 재직기간은 1년 미만 4명, 1~2년 4명, 2~5년 1명, 5~10년 2명, 10년 이상 5명이었으며, 빅데이터 분석/정책 사례 참여경험은 3회 미만 4명, 3~5회 3명, 5~10회 4명, 10회 이상 5명으로 나타났다.

(1) 정책중요도 분석

　먼저, 빅데이터 정책의 활성화를 위한 정책 개선사항 중 가장 '핵심적'인 정책 요소가 무엇인지 알아보았다. AHP 설문은 "공공부문 빅데이터 분석의 지속적 사용과 확산을 위해 더 중요한, 긴급한 정책사항은 무엇입니까?"이다. 설문결과 대분류에서는 제도 정비가 0.482의 가중치로 가장 중요한 정책개선 분야로 나타났고, 인식·문화의 확산은 0.396, 기술인프라는 0.122로 나타났다. 중분류 수준에서는 기술 개발보다는 인력 양성이, 추진체계정비보다는 법제정비가, 역기능 우려 개선보다는 홍보·인식 개선이 중요한 것으로 나타났다. 중분류 수준의 6개 중요 정책과제를 비교하면 우리나라의 경우 기술이나 인프라보다는 제도나 인식이 초기 빅데이터 분석의 활성화를 위해 더 중요한 것으로 나타났다. 법제정비가 0.265, 홍보·인식 개선이 0.257, 추진체계정비가 0.217로 높게 나타났으며, 역기능 우려 개선은 0.139, 인력

〈표 6-5〉정책중요도 측면의 정책 우선과제

대분류	가중치	중분류	가중치	중간 가중치	소분류	가중치	전체 가중치
기술 인프라 개발	0.122	기술개발	0.324	0.040	빅데이터 활용기술	0.644	0.025
					보안기술	0.356	0.014
		인력 양성	0.676	0.082	외부인력 영입	0.298	0.025
					내부인력 역량 강화	0.702	0.058
제도 정비	0.482	법제정비	0.550	0.265	지원법 제정	0.667	0.177
					가이드라인 제정	0.333	0.088
		추진체계정비	0.450	0.217	조직 내 추진체계	0.668	0.145
					민관 협력 추진체계	0.332	0.072
인식/ 문화 확산	0.396	홍보/인식 개선	0.650	0.257	시범사업 추진	0.388	0.100
					활용문화 확산	0.612	0.157
		역기능 우려 개선	0.350	0.139	개인정보보호 우려 불식	0.688	0.095
					전자감시의 문제 불식	0.312	0.043

주: 대분류 가중치(A), 중분류 가중치(B), 소분류 가중치(C)
　　중간가중치 = A × B, 전체가중치 = A × B × C

양성은 0.082, 기술개발은 0.040로 나타났다. 현재 우리나라 공공부문에서 빅데이터 분석과 활용의 활성화를 위해 인식이나 제도의 개선이 더 중요한 것으로 전문가들은 답변하였다. 소분류 수준을 보면 빅데이터 기술개발의 경우 보안보다는 활용을 위한 기술개발을 더 중요시여기고 있으며, 인력 양성에서는 내부인력 역량 강화를 중요시 여기고있었다. 법제정비에서는 내부직 가이드라인 수준의 제도보다는 특별법 제정 등의 지원법 제정을 우선적으로 고려하고 있으며, 조직 내 추진체계 정비를 민관 협력보다는 더 중요시하였다. 또한 빅데이터 활용을 위한 조직 내 문화의 확산이나 개인정보보호에 대한 우려를 불식시키는 것을 중요한 과제로 인식하였다.

이상의 대분류, 중분류, 소분류를 종합한 것을 전체가중치로 살펴본다. 빅데이터 분석과 활용의 활성화를 위해 가장 중요한 정책과제로는지원법 제정(0.177)으로 나타났고, 활용문화 확산(0.157), 조직 내 추진체계(0.145), 시범사업 추진(0.100), 개인정보침해 우려 불식(0.095),

가이드라인 제정 (0.088) 순으로 중요한 정책과제로 인식되었다.

(2) 정책시급성 분석

빅데이터 정책의 활성화를 위한 정책 개선사항 중 가장 시급하게 해결해야 할 정책 요소가 무엇인지를 알아보았다.

설문결과 대분류에서는 제도 정비가 0.536의 가중치로 가장 긴급한 정책개선 분야로 나타났으며, 인식·문화 확산이 0.323, 기술인프라 개발은 0.141로 나타났다. 중분류 수준에서는 기술개발보다는 인력 양성이, 추진체계정비보다는 법제정비가, 역기능 우려 개선보다는 홍보·인식 개선이 중요한 것으로 나타났다. 중분류 수준의 6개 중요 정책과제를 비교하면 기술이나 인프라보다는 제도나 인식·문화의 확산이 초기 빅데이터 정책의 활성화를 위해 더 중요한 것으로 나타났다. 법제정비가 0.366, 홍보·인식 개선이 0.204, 추진체계정비가 0.170으로 높게 나타났으며, 역기능 우려 개선은 0.119, 인력 양성은 0.104, 기술개발은 0.037로 나타났다. 현재 우리나라 공공부문에서 빅데이터 분석과 활용의 활성화를 위해 인식이나 제도의 개선이 더 중요한 것으로 전문가들은 답변하였다. 소분류 수준을 보면 빅데이터 기술개발의 경우 보안보다는 활용을 위한 기술개발을 더 중요시 여기고 있으며, 인력 양성에서는 내부인력 역량 강화를 중요시 여기고 있었다. 법제정비에서는 내부적 가이드라인 수준의 제도보다는 특별법 제정 등의 지원법 제정을 우선적으로 고려하고 있으며, 조직 내 추진체계 정비를 민관 협력보다는 더 중요시 하였다. 또한 빅데이터 활용을 위한 조직 내 문화의 확산이나 개인정보보호에 대한 우려를 불식시키는 것을 중요한 과제로 인식하였다.

이상의 대분류, 중분류, 소분류를 종합한 것을 전체가중치를 통해 살펴본다. 빅데이터 분석과 활용의 활성화를 위해 가장 시급한 정책과제로는 지원법 제정(0.263)으로 나타났으며, 활용문화 확산(0.141)과 조직

<표 6-6> 정책시급성 측면의 정책 우선과제

대분류	가중치	중분류	가중치	중간 가중치	소분류	가중치	전체 가중치
기술 인프라 개발	0.141	기술개발	0.264	0.037	빅데이터 활용기술	0.701	0.026
					보안기술	0.299	0.011
		인력 양성	0.736	0.104	외부인력 영입	0.332	0.034
					내부인력 역량 강화	0.668	0.069
제도 정비	0.536	법제정비	0.683	0.366	지원법 제정	0.719	0.263
					가이드라인 제정	0.281	0.103
		추진체계정비	0.317	0.170	조직 내 추진체계	0.647	0.110
					민관 협력 추진체계	0.353	0.060
인식/ 문화 확산	0.323	홍보/인식 개선	0.631	0.204	시범사업 추진	0.306	0.062
					활용문화 확산	0.694	0.1410
		역기능 우려 개선	0.369	0.119	개인정보보호 우려 불식	0.700	0.083
					전자감시의 문제 불식	0.300	0.036

주: 대분류 가중치(A), 중분류 가중치(B), 소분류 가중치(C)
　　중간가중치 = A × B, 전체가중치 = A × B × C

내 추진체계(0.110), 가이드라인 제정(0.103), 개인정보보호 우려 불식 (0.083) 순으로 긴급 정책과제로 인식되고 있었다.

(3) 정책중요도와 정책시급성의 종합분석

빅데이터 분석과 활용의 활성화를 위한 정책과제로서 중요 정책과제와 긴급 정책과제의 결과를 함께 알아보았다.

종합분석결과의 주요 특징을 살펴보면, 첫째, 우리나라 공공부문의 빅데이터 분석 및 활용의 활성화를 위한 정책과제로서 중요과제와 긴급과제가 대체로 일치하는 것을 볼 수 있다. 이는 빅데이터 분석·정책 전문가들이 정책의 초기단계에서 중요과제와 시급과제를 유사하게 인식하고 있기 때문으로 보인다. 둘째, 우리나라 공공부문의 빅데이터 정책 활성화를 위해 기술이나 인프라 문제보다는 제도적 개선이나 인식·문화의 확산이 먼저 이루어져야 할 것으로 보고 있다. 민간부문에서 빅데이터의 도입은 시장의 급격한 변화 속에서 고객관리를 통한 서

<표 6-7> 정책중요도와 정책시급성 종합분석

대분류	중요도 가중치 (순위)	시급성 가중치 (순위)	중분류	중요도 가중치 (순위)	시급성 가중치 (순위)	소분류	중요도 가중치 (순위)	시급성 가중치 (순위)
기술 인프라 개발	0.122 (3)	0.141 (3)	기술개발	0.040 (6)	0.037 (6)	빅데이터 활용기술	0.025 (1)	0.026 (11)
						보안기술	0.014 (12)	0.011 (12)
			인력 양성	0.082 (5)	0.104 (5)	외부인력 영입	0.025 (11)	0.034 (10)
						내부인력 역량 강화	0.058 (8)	0.069 (6)
제도 정비	0.482 (1)	0.536 (1)	법제정비	0.265 (1)	0.366 (1)	지원법 제정	0.177 (1)	0.263 (1)
						가이드라인 제정	0.088 (6)	0.103 (4)
			추진 체계정비	0.217 (3)	0.170 (3)	조직 내 추진체계	0.145 (3)	0.110 (3)
						민관 협력 추진체계	0.072 (7)	0.060 (8)
인식/ 문화 확산	0.396 (2)	0.323 (2)	홍보/ 인식 개선	0.257 (2)	0.204 (2)	시범사업 추진	0.100 (4)	0.062 (7)
						활용문화 확산	0.157 (2)	0.141 (2)
			역기능 우려 개선	0.139 (4)	0.119 (4)	개인정보보호 우려 불식	0.095 (5)	0.083 (5)
						전자감시의 문제 불식	0.043 (9)	0.036 (9)

비스 개선과 수익 강화라는 필요성으로 별도의 법제화나 공식화 같은
제도 정비에 의존함 없이 민간기업의 생존 차원에서 신속하게 이루어
졌다. 이에 비해 공공부문은 빅데이터의 활용 여부가 조직의 생존에 직
결되는 요인이라기보다는 공공서비스의 개선이나 조직업무 개선을 위
한 하나의 새로운 가능성으로서 다소 추상적인 수준에서 다루어졌다.
이 경우 공공조직과 그 구성원들은 빅데이터 분석과 활용을 새로운 기
술 습득과 업무 방식의 추가적인 부담으로 인식할 수도 있다. 설문결과

에서 빅데이터 분석·정책의 담당자들이 기술인프라적 요인보다는 제도 및 인식적 요인을 중요하고 시급한 정책과제로 지적한 것은 이러한 공공부문의 상황과 밀접한 관계가 있는 것으로 보인다. 셋째, 최종적인 12개의 소분류 정책대안을 비교한 결과, 중요도와 시급성이 유사한 순위를 가지며 지원법 제정, 활용문화 확산, 조직 내 추진체계 마련이 가장 우선적인 정책과제로 나타났다. 이 중 가장 주목할 만한 것은 빅데이터 관련 지원법 제정과 관련된 항목이다. 빅데이터 관련 지원법 제정은 중요도와 시급성에서 모두 가장 중요한 공공부문 정책과제로 인식되었으며, 특히 시급성에서는 0.263으로 중요도에서 0.177의 가중치에 비해 훨씬 높은 가중치를 보여 주고 있다. 조직 내 빅데이터 분석의 인식(필요성, 중요성) 확산, 대외적인 경진대회 개최, 빅데이터 홍보 확산과 같은 인식 개선이 중요도와 시급성에서 모두 두 번째로 나타났다. 공공부문의 빅데이터 분석 및 활용의 확산은 기술적인 문제라기보다는 우선 조직 내부의 빅데이터에 대한 인식의 확산이 우선되어야 함을 보여 준다. 이상의 결과는 공공부문 빅데이터 정책의 확산은 제도, 인식, 추진체계 등의 다양한 방법으로 먼저 공공조직에 접목되고 안착되는 것이 필요하다는 것을 보여 준다. 공공부문의 경우 제도화되지 않고, 조직 내부의 동의나 인식을 얻지 못하고, 추진체계가 제대로 작동하지 않을 경우 장기적인 수준에서 변화로 이어지기 힘든 특징을 가지고 있기 때문이다.

3. 공공부문 빅데이터 정책 활성화를 위한 제언

AHP 분석결과 공공부문 빅데이터 분석과 활용의 확산을 위해 핵심적이면서도 긴급한 과제로 법제정비, 활용문화의 확산, 조직 내 추진체계의 정비, 개인정보보호에 대한 우려 불식이 나타났다. 해당 핵심

과제들을 중심으로 몇 가지 빅데이터 정책을 제언한다.

1) 빅데이터 관련 법제의 정비

위의 분석결과에 따르면 무엇보다 빅데이터 활성화를 위한 법제정비가 가장 핵심적인 정책과제로 나타났다. 법제정비와 관련된 법의 제정 여부뿐 아니라 관련 법률의 형식 및 내용의 기술방식 등의 변화를 검토할 필요가 있다. 현재 빅데이터 관련 법제는 국회 차원에서는 '빅데이터 이용 및 산업진흥 등에 관한 법률안'(2015. 9. 14)만이 발의되어 있다. 그리고 지방자치단체 수준에서는 '경기도 빅데이터 활용 조례'가 2015년에 제정되었다. 조직 내 변화를 위해 제도의 변화가 수반되어야 하는 공공부문의 특징을 고려할 때, 빅데이터 관련 법령이 적기에 제정되는 것이 가장 바람직하다. 하지만 ICT의 변화 속도를 고려할 때, 법 차원에서 적기 대응은 시간이나 인력 등의 기술적 문제뿐 아니라 국회를 둘러싼 여러 정치적 환경 등을 고려할 때 어려운 점이 있다. ICT의 발전으로 인한 새로운 변화를 지원하는 지원법 제정에 있어, 현재는 사안별 개별법 제정의 대응방식에서 벗어나 포괄적 형태에 기본법을 제정하여 해당 기술의 도입과 적용 속도를 높이는 것을 적극적으로 고려할 필요가 있다. 또한 법규의 기술방식을 기술된 것만을 허용하는 포지티브(positive) 형식에서 기술되지 않는 사항들을 허용하는 네거티브(negative) 형식으로 전환하는 것이 필요하다. 정보통신기술의 변화와 그로 인한 새로운 서비스나 산업의 종류를 법규에 모두 기술하기는 어려운 만큼 변화를 선제적으로 수용하고, 이후 이를 보완해 가는 방식이 필요하다.

2) 빅데이터 활성화를 위한 공공부문 인식 확산

　공공부문 빅데이터의 활용과 이에 기반한 정책결정이 확산되기 위해서 빅데이터 분석의 필요성과 중요성에 대한 공무원 및 공공부문 종사자들의 인식 변화가 매우 중요하다. 공공부문의 경우 빅데이터에 대한 관심은 매우 높으나, 빅데이터의 활용이 반드시 필요한 것인지 혹은 어떻게 빅데이터를 활용할 것인지에 대해서는 아직 고민 중인 듯하다. 현재 공공부문의 빅데이터 활성화는 기술의 문제라기보다는 오히려 인식의 문제로 보인다. 이와 관련하여 빅데이터 분석과 활용의 필요성에 대한 조직 내부의 충분한 논의와 합의가 필요하다. 빅데이터 분석과 활용을 분석가들의 기술적 업무로만 보거나 새로운 업무방식의 추가로 인한 업무 부담으로만 인식할 경우, 빅데이터 정책은 일시적인 유행으로 끝날 수도 있다. 정책에서 데이터가 가지는 의미와 새로운 정책의 가능성에 주목할 필요가 있다. 합리적인 정책결정에서 정책문제를 발견하고 해결방안을 제안하는 과정을 오랫동안 논의된 증거기반의 정책(evidence-based policy) 관점에서 파악하고, 이를 실현할 수 있는 중요한 계기로 인식하는 것이 무엇보다 중요하다. 정보통신기술의 발전이 조직 변화에 중요한 계기가 될 수는 있지만, 공공부문의 지속적인 혁신으로 이어지기 위해서는 제도의 변화와 아울러 조직문화의 변화가 반드시 필요하다. 빅데이터는 과학적인 정책분석을 가능하게 하며 합리적인 정책결정을 위한 유용한 도구이다. 빅데이터의 유용성은 기술에 있는 것이 아니라 해당 정책에 대한 고민과 깊이 있는 이해(insight)에 있다. 보스턴의 스트리트 범프(Street Bump)나 스페인 바르셀로나의 스마트 주차 시스템은 공공부문이 고민하고 있는 문제에 대한 데이터 분석적 접근이라고 할 수 있다. 빅데이터의 활용이 일시적인 유행으로 끝나지 않기 위해 가장 필요한 것은 공공문제의 새로운 접근으로서 빅데이터 분석의 유용성에 대한 조직과 구성원들의 동의에 있다.

3) 빅데이터 활성화를 위한 조직 내 추진체계정비

빅데이터가 중앙정부의 전략적 구호에 그치지 않고 개별 조직의 정책과정과 내용에 영향을 주기 위해서는 조직 내부로 스며들어야 한다. 즉, 공공부문의 빅데이터 분석 및 활용의 확산을 위해서 조직 내 추진체계의 정비가 필요하다. 조직 내 추진체계는 다음의 세 가지 방향에서 이루어질 필요가 있다. 첫째, 조직 내부의 리더십으로 빅데이터 분석의 도입과 활성화를 위한 기관장의 관심과 의지는 아무리 강조해도 지나치지 않는다. 둘째, 조직과 조직 간의 데이터 공동 활용과 협력 과제 추진을 위한 추진체계정비가 필요하다. 우리나라의 경우 빅데이터와 관련된 사업이나 정책은 주로 각 부처나 공공기관별로 행해지고 있다. 초기단계에 개별 부처 수준에서 중복적이고 유사한 내용을 중심으로 행해지는 추진은 재고될 필요가 있으며, 개별 조직 수준의 정책경쟁과 함께 범정부 수준의 추진체계와 과제가 마련되어야 한다. 즉, 개별 분야 활용을 넘어 싱가포르의 '버추얼 싱가포르 프로젝트'와 같은 데이터를 활용한 국가 전략의 수립과 같이 거시적·장기적 과제를 마련하는 동시에 이를 주도할 범부처 협력 체계의 정비가 시급하다. 정보통신 최상위 의결기구로서 정보통신전략위원회는 역할이 모호한 상황에서 범부처적 차원의 빅데이터 사업을 주도하고, 부처 수준의 사업 과정에서 발생하는 문제를 조정하기가 어렵다. 현재로서는 전문위원회로서 공공빅데이터 전문위원회를 운영하고 있는 국무총리 산하 공공데이터전략위원회가 그 역할을 맡는 것도 가능하지만, 주로 데이터 개방 및 공공데이터의 개별 분야 활용에 초점을 맞추고 있다는 점에서 좀더 적극적인 역할이 요구된다. 셋째, 각 부처 수준에서 대응하기 어려운 빅데이터 관련 기술 발전에 전문적으로 대응하고 전문인력을 집약적으로 양성하여 초기 기술 및 인력 확산에 화수분 역할을 할 수 있는 연구기관이나 연구센터가 필요하다. 기술과 인력의 집중적 양성을 위한 연구센터로는 2016년 3월 책임운영기관으로 전환한 정부통합전산센터와 한국정보화진흥원의 빅데이터 센터 등이 가능할 것이다. 정부통합전산센터의 경우 2015년 5월 빅데이터 분석과를 설치하고 부처 공동 빅데이터 기반 시스템 및 플랫폼을 구축·운영하고 있다는 점에서 공공부문의 데이터 관리, 운영, 기술개발과 인력 양성을 위한 역할을 할 수 있을 것이다. 한국정보화진흥원은 현재 IoT 융합을 통해 빅데이터나 IoT와 같은 신기술의 연계 활용을 촉진하고 있다.

4) 빅데이터의 활용과 개인정보보호의 양립

최근 새로운 정보통신기술의 발전과 활용은 개인정보의 활용과 보호를 둘러싼 문제를 동시에 제기해 왔다. 빅데이터의 활용이 상당 부분 개인정보를 활용한 최적화된 서비스와 관련되어 있다는 점에서 빅데이터와 개인정보보호와의 양립 문제는 매우 중요한 과제이다. 최근 스마트기술이라 불리는 클라우드컴퓨팅이나 빅데이터, IoT의 정보통신기술의 활용과 개인정보보호 간의 상충 관계가 지속적으로 논의되고 있다. 새로운 기술과 서비스의 선도입으로 예상되는 부작용에 대한 선(先) 대처는 나름의 타당성을 가지고 있고, 정보화 초기부터 진행된 기술과 사회의 관계에 관한 본질적인 이념의 문제와도 관계가 있다. 이를 해소하는 대안들은 기술적·제도적·인식적 차원에서 다양하게 논의되고 있다. 첫째로, 기술적 차원에서는 주민등록번호와 같은 식별자를 사용한 일대일 정합매칭이 아닌 데이터 간 필요한 수준에서 연계(linkage)를 가능하게 하는 통계적 매칭이 익명화의 한 해결 방법이 될 수 있다. 한편 물리적으로 분리·제한된 공간에서만 한시적으로 개인정보의 활용을 사용하는 방법도 고려할 수 있다. 둘째, 제도적으로 개인정보보호를 충분히 고려한 빅데이터 관련 법령을 만드는 것이다. 클라우드컴퓨팅 발전 및 이용자 보호에 대한 법률이나 방송통신위원회·미래부의 빅데이터 개인정보보호 가이드라인이 사례가 될 수 있을 것이다. 하지만 이러한 법제도들은 공포 이후에도 관련 논의가 복잡하게 전개되고 있다는 점에서 근본적인 해결책이 되기는 어렵다. 셋째, 기술적·제도적 방안과 함께 고려해야 하는 것은 공공과 민간의 협의를 통한 해소방안을 마련하는 것이다. 최근 영국의 데이터 공유(*data sharing*) 정책은 개인데이터를 정부 부처 간 공유하여 야기되는 효익과 위험, 한계와 거버넌스에 대해 정부와 시민사회가 공동정책을 수립하려는 시도라고 볼 수 있다(안창원, 2016). 데이터의 활용과 개인정보보호는 해당 국가의 사회맥락에 따라 해결해 가는 것이 필요하며, 이것은 빅데이터 사례뿐 아니라 앞으로의 정보통신기술의 발전과 이를 수용하는 과정에서 발생하는 문제들에서 필수불가결한 요소가 될 것이다.

참고문헌

관계부처합동(2013), 창조경제 및 정부 3.0 지원을 위한 빅데이터 산업 전략, 경제관계장관회의 보고서.
_____(2014), 유능한 정부 구현을 위한 빅데이터 활용 확대 방안, 국무회의 보고서.
국가정보화전략위원회(2011), 빅데이터를 활용한 스마트 정부 구현(안).
_____(2012), 스마트 국가 구현을 위한 빅데이터 마스터플랜.
김동욱·성욱준(2012), 스마트시대 정보보호정책에 과한 연구, 〈정보보호학회논문지〉, 22(4), 883~899.
김배현(2014), 해외 주요국가의 빅데이터 정책 비교 분석, 〈한국콘텐츠학회논문지〉, 12(1), 38~40.
김병철(2014), 개인정보보호법에 기반한 빅데이터 활용 방안 연구, *Journal of Digital Convergence*, 12(12), 87~92.
김선남·이환수(2014), 빅데이터 개인정보보호 가이드라인(안)의 개선 방향에 관한 연구, 〈정보화정책〉, 21(4), 20~39.
김송영·김요셉·임종인·이경호(2013), 빅데이터를 이용한 보안정책 개선에 관한 연구, *Journal of the Korea Institute of Information Security & Cryptology*, 23(5), 969~976.

김신곤·조재희(2013), 지방자치단체의 빅데이터 도입을 위한 제언, 〈한국지역정보화학회지〉, 16(3), 13~41.

김은진·박성욱·이용호·정도범(2014), 공공 영역에서의 빅데이터 활용 방안 연구-델파이 분석을 중심으로, 한국기술혁신학회 학술대회 발표논문집, 661~665.

김재생(2014), 빅데이터 분석기술과 활용사례, 〈한국콘텐츠학회논문지〉, 12(1), 14~20.

김정숙(2012), 빅데이터 활용과 관련기술 고찰, 〈한국콘텐츠학회〉, 10(1), 34~40.

김한나(2013), 빅데이터의 동향 및 시사점, 〈방송통신정책〉, 24(19), 49~67.

김현곤(2013), 스마트국가 구현을 위한 빅데이터 활용방안, 〈기상기술정책〉, 6(2), 14~31.

노규성(2014), 사례분석을 통한 지방행정의 빅데이터 활용 전략, *Journal of Digital Convergence*, 12(1), 89~97.

미래창조과학부 보도자료(2013. 4. 22), 빅데이터 창조경제 시동건다 - 미래창조과학부, 빅데이터 서비스 시범사업 추진.

_____(2013. 11. 20), 과학기술분야 빅데이터 공동활용 종합계획.

_____(2013. 12. 12), 빅데이터 산업 발전 전략.

_____(2014. 1. 10), 미래 먹거리 빅데이터. 이용활성화 본격 추진.

_____(2014. 5. 27), 과학기술/ICT 분야 공공데이터를 활용한 비즈니스 모델 세안.

_____(2014. 8. 28), (빅)데이터 기반 미래 예측 및 전략 수립 지원 계획.

_____(2014. 12. 5), 데이터 산업 발전 전략.

미래창조과학부·한국정보화진흥원(2014), 2014년도 빅데이터 활용 스마트서비스 사례집.

미래창조과학부·한국정보화진흥원·빅데이터 분석활용센터(2013), 창조경제 실현을 위한 2013 빅데이터 국내 사례집.

_____(2015), 2015년 빅데이터 글로벌 사례집 분야별 우수사례와 미래부 시범사업을 중심으로, 빅데이터 분석활용센터.

박민규·최지영(2014), 방재분야 발전을 위한 빅데이터 활용과 데이터 사이언티스트 양성, 〈한국방재학회〉, 14(1), 88~94.

배동민·박현수·오기환(2013), 빅데이터 동향 및 정책 시사점, 〈방송통신정책〉, 25(10), 37~74.

성욱준(2013), 공공부문 스마트워크 활성화 방안에 관한 연구, 〈정보화정책〉, 20(3), 43~62.

송진희·김정숙(2014), 빅데이터 서비스의 선진사례분석, 〈한국콘텐츠학회지〉, 12(1), 32~37.

신동희·김용문(2015), 국내 재난관리 분야의 빅데이터 활용 정책방안, 〈한국콘텐츠학회논문지〉, 15(2), 377~392.

안문석(2013), 정부 3.0지원을 위한 빅데이터 융합전략, 〈기상기술정책〉, 6(2), 6~13.

안창원(2016), 영국의 데이터 공유 정책 현황, 정부통합전산센터 내부자료.

윤미영(2012), 신가치창출을 위한 주요국의 빅데이터 추진전략 분석, 한국정보화진흥원.

이성훈·이동우(2013), 빅데이터의 국내 외 활용 고찰 및 시사점, 〈디지털정책연구〉, 11(2), 229~233.

이창범(2013), 개인정보보호법제 관점에서 본 빅데이터의 활용과 보호방안, 〈법학논집〉, 37(1), 509~559.

조영복·우성희·이상호(2013), 중소기업에서 정부 3.0 기반의 빅데이터 활용정책, 〈중소기업정보기술융합학회〉, 3(1), 15~22.

정지선(2011), 新가치창출 엔진, 빅데이터의 새로운 가능성과 대응전략, 한국정보화진흥원.

정창섭(2013), 빅데이터를 활용한 지방자치단체의 재난안전관리 거버넌스 구축연구, 한국지역정보개발원.

정한민·송사광(2012), 빅데이터 시대의 인재 양성전략, 〈한국인터넷정보학회〉, 13(3), 48~53.

최한석·김세진(2013), 공공분야에서 빅데이터 활용방안, 〈한국스마트미디어학회〉, 2(3), 18~25.

한국정보화진흥원(2011), 신가치창출 엔진 빅데이터의 새로운 가능성과 대응전략.

_____(2012a), Big Data 글로벌 10대 선진 사례 '빅데이터로 세상을 리드하다'.

_____(2012b), 빅데이터로 진화하는 세상 Big Data 글로벌 10대 선진 사례.

_____(2012c), 선진국의 데이터 기반 국가미래전략 추진현황과 시사점.

_____(2012d), 빅데이터 시대 데이터가 이끌어가는 정부혁신.

_____(2012e), 국민 공감형 정책 시행을 위한 빅데이터 활용 시나리오.

_____(2013a), 더 나은 미래를 위한 데이터 분석 글로벌 10대 선진 사례 2.

_____(2013b), 빅데이터 시대의 개인데이터 보호와 활용.

_____(2013c), 새로운 미래를 여는 빅데이터 시대.

행정안전부 보도자료(2009. 6. 1), 베트남과 정부데이터센터 구축 MOU체결-
　　정부데이터센터 해외진출 교두보 마련.

_____(2015. 5. 26), 정부 최초 빅데이터 전문 조직 신설-정부통합전산센터,
　　'빅데이터분석과' 신설해 빅데이터 분석 본격 추진.

_____(2015. 8. 28), 정부 3.0 빅데이터 분석을 통해 정책효과를 높인다.

Arterton, F. C. (1987), *Teledemocracy Can Technology Protect Democracy*,
　　London: Sage.

Bell, D. (1973), *The coming of Post-Industrial Society*, New York: Basic Books.

Bimber, B. (1994), Three Faces of Technological Determinism, In Merrit
　　Roe Smith & Leo Marx (Eds.), *Does Technology Drive History? The
　　Dilemma of Technological Determinism*, 79~100, Cambridge, MA: MIT
　　Press.

Chung, C. S. & Sung, W. J. (2015), The Policy Advice on the G4B
　　Enhancement: Deducting Policy Priorities through AHP Analysis,
　　International Journal of u- and e- Service, Science and Technology, 8(9),
　　153~162.

Compaine, B. M. (1986), Information Gap: Myth or Reality?, *Telecommuni-
　　cation Policy*, 10(1), 5~12.

Hall, B. (1996), Lynn White's Medieval Technology and Social Change after
　　Thirty Years, *Technological Change: Methods and Themes in the History of
　　Technology*, 85~101.

Hamelink, C. J. (1986), Is there Life after the Information Revolution?, In
　　Michael Traber (Ed.), *The Myth of the Information Revolution*, 7~20,
　　Newbury Park, CA.: Sage.

Heilbroner, R. L. (1967), Do Machines Make History?, *Technology and Culture*,
　　8(3), 335~345.

Hilton, R. H. & Sawyer, P. H. (1963), Technical Determinism: The Stir-
　　rup and the Plough, *Past and Present*, 24, 95~100.

LaValle, S., Lesser, E., Shockley, R., Hopkins, M. S., & Kryschwitz, N. (2011), Big Data, Analytics and the Path From Insight to Value, *MITSloan Management Review*, 52(2), 20~32.

MacKenzie, D. & Wajcman, J. (1999), *Introductory Essay: The Social Shaping of Technology*, 3~25.

Marcuse, H. (1983), *One-Dimensional Man: Studies in the Ideology of Advanced Industrial Society*, New York: Routledge.

Naisbitt, J. (1988), *Megatrends: Ten New Directions Transforming Our Lives*, New York: Grand Central Publishing.

Negroponte, N. (1996), *Being Digital*, New York: Vintage Books.

Pinch, T. & Bijker, W. E. (1998), *The Edge of Objectivity*, 송성수 옮김, 《과학 기술은 사회적으로 어떻게 구성되는가》, 새물결.

Southern, R. W. (1963), Review of Medieval Technology and Social Change, *History of Science*, 2, 130~135.

Schiller, H. (1981), *Who Knows: Information in the Age of the Fortune 500*, Norwood NJ: Ablex Publishing Corp.

_____(1996), *Information Inequality: The Deeping Social Crisis in America*, New York: Routledge.

Smith, M. R. & Marx, L. (1994), *Does Technology Drive History? The Dilemma of Technological Determinism*, Cambridge, MA: MIT Press.

Toffler, A. (1980), *The Third Wave*, New York: Bantam Books.

_____(1991), *Powershift: Knowledge, Wealth, and Violence at the Edge of the 21st Century*, New York: Bantam.

Toffler, A., John, N., & Masuda, Y. (1990), *Managing in the Information Society*, Oxford: Basil Blackwell Ltd.

Winner, L. (1980), Do Artifacts Have Politics?, *Daedalus*, 109(1), 26~38.

White, L. Jr. (1966), *Medieval Technology and Social Change*, Oxford: Oxford University Press.

저자약력

가나다 순

강윤재
고려대학교 과학사회학박사
동국대학교 다르마칼리지 조교수

김기환
미국 인디애나대학교 행정학박사
서울과학기술대학교 행정학과 교수

성욱준
서울대학교 행정학박사
서울과학기술대학교 IT정책전문대학원 교수

윤상오
한양대학교 행정학박사
단국대학교 공공관리학과 교수

이은미
연세대학교 행정학박사
서울과학기술대학교 스마트지식사회연구단 전임연구원

정서화
서울과학기술대학교 IT정책전문대학원 공공정책박사
과학기술연구원 연구원

조현석
서울대학교 정치학박사
서울과학기술대학교 행정학과 교수

황주성
서울대학교 문학박사
서울과학기술대학교 IT정책전문대학원 부교수